Loriot

Sehr verehrte Damen und Herren...

Bewegende Worte
zu freudigen Ereignissen,
Opern, Kindern, Hunden,
weißen Mäusen,
Vögeln, Freunden,
Prominenten
und
so weiter

Herausgegeben
von
Daniel Keel

Diogenes

Eine erste Ausgabe von
Sehr verehrte Damen und Herren…
erschien 1993 zum 70. Geburtstag des Autors
und wurde für die nachfolgenden Auflagen sowie
für die Taschenbuchausgabe ergänzt.
Die vorliegende Ausgabe wurde ausführlich
erweitert und vollständig überarbeitet.

Mit Vignetten des Autors

Copyright © 1993, 1997, 2002
Diogenes Verlag AG Zürich
www.diogenes.ch
120/02/52/1
ISBN 3 257 06332 6

Inhalt

Zum Geleit

oder
Von den Zugvögeln

Meine sehr verehrten Damen und Herren,

leider war es mir nicht möglich, meinem Verleger das vorliegende Buch auszureden. Da liegt es nun in aller Peinlichkeit und weist nach, wann und wo es mir nicht gelang, das Wort zu ergreifen. Keine Rede vor den Vereinten Nationen, nichts zur Lösung des Nahost-Konflikts, nicht einmal ein paar Worte vor dem Bundestag (jedenfalls besinne ich mich nicht darauf), nichts Flammendes, Aufwühlendes, kein Aufschrei.

Und doch gibt es da unter dem Datum des 19. September 1931 in einem meiner Schulhefte eine frühe naturwissenschaftliche Studie, auf die ich nicht ohne Stolz verweise. Sie soll am Anfang dieser Sammlung stehen. (Die eigenwillige Rechtschreibung ist beibehalten.)

Von den Zugvögeln.

*Wen die Zugvögel weckfliegen machen
sie sich erst zu goßen Scharen. Manche
Zugvögel fliegen nur weck wen es sehr
kalt ist. Dort in den warmen Ländern
bauen sie es nicht so gut wie in Deutschland. Sie brüten auch nicht weil sie
die Affen töten. Aber in Deutschland
brüten.*

Dieses Werk hat, so unerklärlich das auch erscheinen mag, von seiten der Literaturkritik noch
nicht die Beachtung erfahren, die es verdient. Ich
bin daher leider genötigt, eine angemessene Wür-
digung selbst vorzunehmen.

Mein Aufsatz, den ich in Sütterlin schrieb, einer
Schrift, die heute nur noch wenige Fachleute be-
herrschen, weist, wie ich meine, schon weit über
den Schulunterricht* hinaus. Gewiß, Mozart hat
im selben Alter Klaviersonaten komponiert, aber
auf literarischem Gebiet eben doch nichts zuwege
gebracht, was mit den »Zugvögeln« zu vergleichen
wäre.

Mit lapidarer Wucht, ohne unnötigen Wortbal-

---

* 4. Volksschule, Berlin-Wilmersdorf, Nachodstr. 17

last, entwickelt sich der komplizierte Sachverhalt und bleibt doch anschaulich in jeder Phase des pak-kenden Geschehens. Und wie behutsam wird das Problem des Überlebens angesprochen! Die Wort-folge »…weil sie die Affen töten…« läßt offen, ob hier Affen oder Vögel ihrem Ende entgegensehen. Noch heute, nach über sechzig Jahren, hat dieses Phänomen nichts von seiner tragischen Aktualität verloren. So dicht war der Siebenjährige den Ge-heimnissen der Schöpfung auf der Spur.

Bedauerlicherweise blieb diese Arbeit ein Ein-zelfall, und ich muß Sie bitten, sich bei der Lektüre der folgenden Seiten nicht von übertriebenen Er-wartungen leiten zu lassen.

LORIOT

Ammerland, im März 1993
und im Sommer 2002

BEWEGENDE WORTE
ZU FREUDIGEN
EREIGNISSEN

MUSIK
100 Jahre Berliner Philharmonisches Orchester

Meine sehr verehrten Damen und Herren,

wenn wir in dieser Feierstunde... nur *das* hat Bedeutung, so meine ich... *durch* oder besser *im* Sinne der musikalischen Glaubwürdigkeit als Selbstverständnis im Sinne kultureller Verpflichtung unter der Maxime: Wer, wo, was und warum... Hier liegt die unverzichtbare Aufgabe unserer geteilten Stadt.

Damit heiße ich Sie im Namen des Kulturdezernats Berlin-Tiergarten anläßlich des 100. Geburtstages des Berliner Philharmonischen Orchesters herzlich willkommen. Ferner übermittle ich Ihnen die Grüße der Staatlichen Konservatorien in Gifhorn, Seesen und Münster, der Bayerischen Akademie für Sozialrhythmik und des Interessenverbandes Niedersächsisches Liedgut.

Wir blicken zurück auf einhundert Jahre Orchestergeschichte... Musik, so meine ich... oder wie es Thomas Mann einmal formuliert hat: Hundert

Jahre sind eine lange Zeit... und Adorno dreißig Jahre später: Jaja, die Musik... Kürzer, präziser ist das nie gesagt worden.

Die Berliner Philharmoniker als Botschafter einer Sprache, die überall verstanden wird: bis hin nach Wilmersdorf, Steglitz, Friedenau, Pankow... 100 Jahre unfehlbarer Bläserduktus in gleichsam schwebender Transparenz vor dem samtenen Glanz der Streicher... 100 Jahre aber auch als Geschichte tragischer Versäumnisse: Wer denkt da nicht an die Orchestersuiten in Ges-Dur, A-Dur und fis-Moll der hochbegabten Antje Fröbel, an die Krönungsmesse in B-Dur des achtjährigen Heinz Klemke? Sie wurden hier nie aufgeführt.

In 100 Jahren musizierten unsere Philharmoniker nachweislich rund 30 000 Konzertstunden. Das entspricht einem Dauerkonzert von knapp sieben Jahren, die Pausen nicht eingerechnet. Gewiß ein stolzes Ergebnis, aber auch eine bestürzende Tatsache: Offensichtlich wurde in 100 Jahren 93 Jahre geprobt! Das stimmt nachdenklich in Zeiten hoher Subventionen.

Schließlich sei bedauert, daß sich nicht *ein* Orchestermitglied des Gründungsjahrganges 1882 heute abend unter den Mitwirkenden befindet. Ein Versehen der Veranstalter? Oder die zeitgemäße Gleichgültigkeit gegenüber älteren Menschen, die nicht mehr so sauber blasen wie ihre Urenkel? Und das in Berlin, dem Zentrum vorbildlicher Klangkörperpflege?!

Dennoch bleibt uns der Dank für die Kontinuität eines musikalischen Wunders im Lichte vier großer Namen: Bühler, Niklitz, Feuchtwängler, Hermann v. Karajan – und damit die Bewunderung einer Gesamtleistung als Summe von Können und Fleiß oder Treue aus Willen zur Leistung… als Anliegen *im* Dienste der Sache *im* Willen zum Glauben *an* Leistung *durch* Hingabe zur Musik im Verzicht *auf* Können ohne Anliegen… oder Treue zur Leistung *durch* Willen *im* Glauben zur Sache, in der Hingabe *an* Aufgabe und Anliegen *im* Dienste der Musik *aus* Überzeugung… also Können im Glauben *an* die Summe von Treue und Leistung *im* Geiste richtigverstandener Tradition… oder, wie der Dichter sagt: Musik.

WEIMAR (DDR)
Eine Ausstellungseröffnung
9. März 1989

Sehr verehrter Herr Staatssekretär,
sehr verehrter Herr Oberbürgermeister,
meine sehr verehrten Damen und Herren
oder kürzer: liebe Freunde,

man hat im Leben nicht so oft das Gefühl, am richtigen Ort zu sein. Ich habe es jetzt.

Es hat 65 Jahre gedauert, und das ist kaum entschuldbar, bis ich Weimar zum ersten Mal mit eigenen Augen sehen konnte. Nun wird diese Begegnung für mich zu einem Ereignis, über das ich kaum reden kann, ohne Gefühle zu zeigen, die schlecht zu einem Humoristen passen.

Also verkneife ich mir das lieber und sage statt dessen einfach: Ich bin sehr glücklich, hier bei Ihnen in Weimar sein zu können.

Glück kommt meist nicht von alleine. So auch nicht in diesem Fall. Darum möchte ich mich von Herzen bei denen bedanken, die mir zu diesem Glück verholfen haben.

Da sind vor allem der Herr Staatssekretär Dr. Keller vom Ministerium für Kultur der DDR, Herr Dr. Guratzsch und das Wilhelm-Busch-Museum in Hannover, Herr Direktor Krauss und die Kunstsammlungen zu Weimar mit allen Helfern und Helferinnen.

Und Sie, meine Damen und Herren, die Sie gekommen sind. Ich nutze die Gelegenheit, Herrn Ministerialdirigent Staab, den ständigen Vertreter meines ständigen Vertreters, herzlich zu begrüßen.

Als meine Frau und ich vorgestern am frühen Nachmittag die Stadt erreichten, führte uns der Weg auf den Theaterplatz, wo wir zunächst eine Weile in gebührender Andacht vor dem Marx-Engels-Denkmal verharrten, bis uns, durch das Fehlen der charakteristischen Barttracht beider Herren, die ersten Zweifel kamen.

Dann sahen wir auch schon, daß es sich hier nicht um führende Politiker, sondern vielmehr um die beiden bedeutendsten DDR-Schriftsteller handelte: Goethe und Schiller nämlich.

Wir waren noch etwas in Gedanken, und mir wurde grade schmerzlich bewußt, wie wenig ich doch von Schiller noch auswendig zitieren kann, als mir ausgerechnet jener Stoßseufzer einfiel, der sich in der *Jungfrau von Orléans* findet: »Ach, es geschehen keine Wunder mehr!«

Hier irrt Schiller! Das Wunder ist geschehen: Die Ausstellung hängt, das Publikum sitzt und die Kataloge liegen bereit! Selten hat es mich so gefreut, daß sich die Prognosen eines großen Dichters als Irrtum erweisen.

Freuen wir uns also auf weitere Wunder.

Vielleicht wird mir eines Tages von den Weimarer Stadtvätern ein Gartenhäuschen an der Ilm zugewiesen; ich würde dort Gedichte schreiben, den *Faust* illustrieren und mich auf den Spuren Minister Goethes in die Landespolitik einarbeiten, wobei mir ein Schnellkurs in sozialistischer Aufbaupraxis willkommen wäre.

Von Zeitgenossen des Dichterfürsten ist überliefert, dieser habe im Alter viel geredet und sei schwer zu unterbrechen gewesen. Es bietet sich mir jetzt die Gelegenheit, mich vorteilhaft von Goethe zu unterscheiden. Die Ausstellung ist eröffnet…

MEIN FREUND MANFRED

Jeder Mensch braucht im Leben etwas, das ihn auf dem Boden der Wirklichkeit hält. Für mich erfüllt diese Aufgabe seit vielen Jahren mein Freund Manfred Schmidt.

Liege ich an einem warmen Sommertage am Gestade des Starnberger Sees, mit dem Blick in die sinkende Sonne ein Gefühl biedermeierlicher Zufriedenheit nährend, naht alsbald mein Freund auf dem Wasserwege. Mit kräftigem Ruderschlag setzt er sein Boot an Land, um neben mir Platz zu nehmen. »Bei diesem Föhn«, sagt er unter Hinweis auf die besonnte, in makelloser Klarheit sichtbare Alpenkette, »bei diesem Föhn möchte man sich umbringen.«

Und etwas später, während ihn Schmetterlinge umgaukeln und ein Segelboot sanft durch das Licht der Abendsonne gleitet, fügt er hinzu: »Diese Gegend ist infolge ihrer Witterung besonders geeignet für eine Strafkolonie.« Während mein eben noch helles Weltbild dumpfer Depression weicht, erhebt sich M. Sch., besteigt sein Boot und rudert erleichtert davon, mir noch lange fröhlich zuwinkend.

Der unwiderstehliche, strahlende Pessimismus meines Freundes erklärt sich durch seinen Geburtsort. Er ist Bremer. Bremer sind bekannt für ihr lustvolles Verhältnis zum Makaberen. Schon als Knabe wurde er von einer Tante regelmäßig zum Friedhof mitgenommen, um dort mit Hilfe eines kleinen Hölzchens die auf dem Stein des Familiengrabes eingemeißelten Namen verblichener Vorfahren zu säubern. Damals kannten wir uns noch nicht.

Erst sehr viel später trafen wir uns auf einer Faschingsveranstaltung unserer gemeinsamen Münchner Vertragsillustrierten. Er war in lange weiße Stoffbahnen gewickelt, die sich infolge seines ausschweifenden Tanzstils in Auflösung befanden und meterlange hinderliche Schlaufen zwischen seinen Beinen bildeten. Dazu trug er eine von den Ohren mühelos gehaltene Blätterkrone und schlug eine goldene Leier. Als Nero meiner ansichtig wurde, sagte er: »Sie heißen doch in Wirklichkeit Clausewitz oder so was.«

Das ist jetzt zwanzig Jahre her, aber es scheint, als habe er gewisse exzentrische Züge des römischen Imperators nie mehr ganz abgelegt. Kürzlich befanden wir uns in einem kleinen verkehrsumbrandeten Pariser Straßencafé, wo er mich unter infernalischem Lärm und hautnahem Gedränge zu einem abgasgeschwängerten Aperitif einlud. Ich habe seine Augen nie so leuchten sehen. Allerdings muß gesagt werden, daß er in diesem Augenblick weniger den Konsum von Alkohol als vielmehr den Genuß hochprozentiger Weltstadtatmosphäre im Auge hatte, ohne die er in seinem bayrischen Gartenparadies lustlos dahinwelken würde.

Im übrigen wird seine phänomenale Beobachtungsschärfe nur noch übertroffen von der Sensibilität seiner Zunge. Ein geringfügiger Fehler in der Zubereitung seiner Lieblingssoße versetzt ihn in tiefe Niedergeschlagenheit. Andererseits riskiert er sein Leben, wenn es um das Wohl seiner Gäste geht. Kürzlich bewältigte er am Steuer seines Citroën mit einem gerösteten Spanferkel auf dem Rücksitz die acht Kilometer von der Kreisstadt bis zu seinem Haus in dreieinhalb Minuten, um das Tier knusprig auf den Tisch zu bringen. Ohne Spanferkel gilt M. Sch. als der besonnenste Fahrer des Voralpenlandes.

Diese Besonnenheit beruht nicht zuletzt auf dem bestimmten Gefühl, man habe ständig mit dem Hereinbrechen irgendeiner Katastrophe zu rechnen. Das veranlaßt ihn, vor jeder Reise die besten Flaschen seines Kellers auszutrinken. Der Gedanke, im Falle seines Ablebens eine ungeleerte Flasche 64er Mouton Rothschild zu hinterlassen, erscheint ihm sündhaft und daher unerlaubt.

In meinem Freunde Manfred verbindet sich eine romantische Leidenschaft für die große bunte Welt mit tiefem Mißtrauen gegenüber ihrer Haltbarkeit.

Damenrede
Der Bülowsche Familientag

Meine sehr verehrten, lieben Vettern
und Cousinen,

noch vor wenigen Tagen stand die Frage im Raum:
Wer hält die Damenrede? Nun, sehr einfach, ein
junger Vetter zwischen 20 und 30, dem schwachen
Geschlecht und galanten Abenteuern nicht abge-
neigt, dabei schön wie Apoll und unverdorben,
kurz, die Wahl fiel auf mich.

Zunächst wollte ich mich der verantwortungs-
vollen Aufgabe entziehen, unter dem fadenscheinigen Vorwand, man spräche in gehobenen Kreisen nicht über Geld, Politik und Frauen. Ich habe
den Irrtum eingesehen. Man spricht in gehobenen
Kreisen nur über Geld, Politik und Frauen. Da wir
die ersten beiden Punkte heute abend zum Glück
als nebensächlich betrachten dürfen, fassen wir
den letzten schärfer ins Bülowsche Auge.

Worauf beruht unsere gesellschaftliche Abhängigkeit von der Frau als solcher? Sind wir dem Kin-

desalter noch nicht entwachsen? Vermissen wir Mutters wärmende Oberweite? Tauschten wir vergeblich Schnuller gegen Zigarre? Müssen wir noch mit Puppen spielen?

Ach, was rede ich da von Abhängigkeit. Sind wir nicht frei in unserer eigenen männlichen Welt, in Sachen Firma, Konferenz und Vorstandssitzung?! Wer beschreibt den Lustgewinn durch einen schwarzen Dokumentenkoffer (Seehund, handgenäht), das Prickeln während der Entnahme selbstdiktierten Aktenmaterials! Oder vergegenwärtigen wir uns den Herrenabend. Dieses launige Beisammensein im Kreise des eigenen, vertrauten Geschlechts. Da wird nicht sinnlos durcheinander geschwatzt, sondern durch das Erzählen stets derselben bewährten Geschichten ein kraftvolles Zusammengehörigkeitsgefühl erzeugt. Und nach der gemeinsamen zügellosen Einnahme von Speisen und Getränken (Quittung bitte mit Stempel) löst sich der oberste Knopf von Hemd und Beinkleid wie von selbst – und dann ist »Freiheit« kein leeres Wort mehr!... ...Frauen? ... Ha!... Omo... Spüli... Weißer Riese... pflegeleicht...! Wenn man Fernsehen, Funk und Illustrierten Glauben schenken darf (und es spricht ja nichts dagegen), sind das die Lebensinhalte unserer lockigen Gefährtinnen. Der Traum vom Bacchanal entweicht Lenor-gepflegt. Auch heute abend.

Unsere Damen sind maßvoll und bescheiden, wahren im Genuß die Grenzen kulinarischer Schicklichkeit und bleiben in der Kleidung korrekt. Es sei denn, daß eine verwegene Cousine sich unter dem Tisch ihres ebenso eleganten wie knapp gewählten Schuhwerkes entledigt. Ein Einzelfall. Im großen ganzen hemmten die Damen in den letzten tausend Jahren, so meine ich, den vitalen Schwung unserer männlichen Namensträger. Schon vor tausend Jahren hatte die Hausfrau immer was dagegen, wenn es galt, in unschuldsvoller Lebenslust die Burg des Nachbarn brandzuschatzen, Bären zu jagen, solange die Kühltruhe noch voll ist, oder auf der Heimfahrt vom Sängerfest auf der Wartburg noch 140 Sachen aus dem alten Opel rauszukitzeln.

Was ist es also, das uns dennoch ständig die Nähe unserer Damen suchen läßt?

Nun, ich fürchte, schon unser Stammvater Ritter Gottfried wußte insgeheim, daß gerade im Verbot, in der moralischen Behinderung durch weibliche Vernunft die stärksten Reizmomente liegen. Und wer ist unser Publikum? In wessen Augen mischen sich Furcht und Stolz beim Anblick unseres mittelmeergebräunten Muskelspiels? Wer sieht staunend zu, wenn es uns trotz spärlich werdendem Pfauenfedernwuchs hin und wieder gelingt, ein Rad zu schlagen?... Ich sehe an Ihren bestürzten Gesichtern, daß Sie mit dieser Wendung nicht gerechnet haben. Jawohl, es ist das Weib!

Laßt uns resümieren: Nur bei voreiliger Betrachtungsweise erscheint uns rätselhaft, daß wir von dem nicht lassen können, was uns hindert, in maskuliner Natürlichkeit jauchzende Höhenflüge anzutreten. Denn bei genauer Prüfung wird uns klar, daß erst die Frau jene kultivierte Atmosphäre schafft, gegen die es Spaß macht, aufzumucken!

So laßt uns das Glas erheben, vorübergehend den bacchantisch geöffneten obersten Knopf des Beinkleides schließen und unseren Damen für eine Unzahl historischer Verdienste danken...

Der Säugling und das Fernsehen

Zwangsläufig sehe ich hin und wieder ein erbarmungsloses Auge auf mich gerichtet: das Objektiv der Kamera im Studio 3 des Süddeutschen Rundfunks. Aber das wirkt doch recht verträumt im Vergleich zu 250 Augenpaaren, auf deren Netzhäuten sich bereits so etwas wie die Umrisse eines kalten Buffets abzeichnen.

Wenn ich dennoch ungerührt in meinen Ausführungen fortfahre, zeugt das von der Rücksichtslosigkeit, mit der ein Fernsehschaffender von heute die Wünsche des Publikums mißachtet, um die Gelegenheit zu eitler Selbstdarstellung zu nutzen.

Bevor ich mich genötigt sehe, weitere ernste, ja bestürzende Dinge zur Sprache zu bringen, möchte ich einer Pflicht genügen, die mir ebenso angenehm wie ehrenvoll erscheint. Es ist der Dank im Namen all derjenigen, die heute mit der »Goldenen Kamera« ausgezeichnet wurden, an all diejenigen, die sie gestiftet und vergeben haben: an den Verleger und die Jury der größten deutschen Fernsehillustrierten – die nicht genannt sein möchte.

Meine Damen und Herren, wir wollen eine Frage an den Anfang stellen, deren ständig wachsender Bedeutung wir uns nicht länger verschließen können: Ist es ratsam, dem deutschen Säugling die Bedienung eines Fernsehgerätes zu gestatten, solange er noch gestillt wird…?

Aber lassen wir die Frage zunächst im Raum stehen und überprüfen wir einmal die gegen das Fernsehen gerichteten Argumente auf ihre Stichhaltigkeit. Gewiß, die ersten Farbfernsehgeräte wiesen noch kleine Anfangsmängel auf, was mehrmaligen, oft täglichen Hin- und Hertransport erforderlich machte. Aber zahllose Hausherren erhielten hierdurch eine ausdrucksvolle Oberarmmuskulatur, viele Hausfrauen eine straffe Büste. Es ist wohl richtig, daß in Zeiten optimal koordinierter Fernsehprogramme manche Dinge liegenbleiben, es wird kaum noch gegessen, wenig geschlafen. Aber denken wir andererseits doch auch an die Millionen glücklicher Fernsehteilnehmer, die nach sechs- und mehrstündiger Bestrahlung durch das eingeschaltete Gerät nun die *Hör zu* im milden Schein ihres radioaktiv aufleuchtenden Brustkorbes ohne Hilfe der Nachttischlampe zu lesen imstande sind.

Wohl wird durch attraktiv gestaltete Fernsehunterhaltung die zwischenmenschliche Beziehung, sagen wir es offen: das Liebesglück, gelegentlich verschoben, wenn nicht gänzlich verhindert. Aber in der gegenwärtigen Ära überlasteter Erotik kann dieser Umstand nur als wohltuend empfunden werden.

Von hier ist es nur ein Schritt zum deutschen Kleinkind. Der Test eines bekannten Meinungsforschungsinstitutes hat mit überraschender Eindeutigkeit ergeben, daß bundesdeutsche Kleinkinder durchschnittlich begabten Haushunden ebenso moralisch wie geistig überlegen sind. Einschränkungen, die Programmauswahl und Sendezeit betreffen, erübrigen sich also.

Anlaß zur Besorgnis gibt jedoch ein immer wieder auftretender Fernsehüberdruß des Kindes. Das Kleine widmet sich dann meist – eine bedauerliche Begleiterscheinung – in bedrohlichem Maße der Schularbeit. Es sind Fälle bekanntgeworden, in denen Kinder gesunder Eltern schon gegen 23 Uhr einen noch laufenden amerikanischen Spielfilm verließen, um mehrstellige Multiplikationsaufgaben zu lösen.

Die Eltern schwieriger, zur Opposition neigender Kinder sollten nicht verzweifeln. Durch konsequenten Entzug des Schulunterrichts wird das Kind zunächst wieder auf das Familienleben konzentriert und dann, ebenso behutsam wie nachdrücklich, an seine eigentliche Bestimmung, an das Fernsehgerät, herangeführt.

Die anfänglich gestellte Frage beantwortet sich nun von selbst: Jeder Säugling sollte sich so früh und so gründlich wie möglich mit einem Fernsehgerät beschäftigen, denn später hat er ja auch nichts anderes.

Lassen Sie mich abschließend noch einmal auf den Anlaß des heutigen Festaktes zurückkommen.

Nach meiner letzten Cartoon-Sendung erhielt der Süddeutsche Rundfunk einen Zuschauerbrief, den ich auszugsweise verlesen möchte:

»Was bezwecken Sie mit solchen Sendungen? Wer ist dafür verantwortlich? Was werden Sie tun, damit solcher Dreck nicht nochmals ausgestrahlt wird? Ich bitte um umgehende Stellungnahme. Oder ist es Ihnen lieber, wenn ich mich an *Bild* wende?«

An die Jugend

Man kann sich auf verschiedene Weise blamieren. Zum Beispiel mit dem Versuch, nach Vollendung des 75. Lebensjahres eine Rede an die Jugend zu halten. Schon die schelmisch vorgetragene Behauptung »ich bin auch mal jung gewesen« wirkt ziemlich unwahrscheinlich. Das ist auch gar nicht zu beweisen. Wer hat denn schon gesehen, daß ich klein war? Niemand!

Glaubwürdiger ist doch, daß alte Menschen, sogenannte Großeltern, immer schon alt waren. Und in abgelegenen Teichen darauf warten, von Störchen aufgenommen und nach ruhigem Anflug dort abgeworfen zu werden, wo sie von Nutzen sind. Das leuchtet ein.

Aber wie funktioniert das mit Vater und Mutter? Es ist doch verhängnisvoll, daß Eltern früher auf die Welt kommen als ihr Kind. Dadurch entwickeln sie vorzeitig ein ungutes, durch nichts begründetes Überlegenheitsgefühl.

Kämen Eltern und Kinder gleichzeitig auf die Welt, wüchsen sie gemeinsam, in wohltuender

Chancengleichheit in ihre Aufgaben hinein. Wieviel Verständnis hätte dann der Jugendliche für die Irrtümer seiner Eltern, wieviel nachsichtiger verliefe jede Meinungsverschiedenheit!

Nur wenn Vater, Mutter und Kind gemeinsam sprechen lernen, finden sie die nötige Gelassenheit für den Austausch pädagogischer Argumente.

Aber so weit sind wir eben noch nicht. Bis auf weiteres wird die Jugend, auch die neuimmatrikulierte, doch ziemlich allein gelassen mit der Frage: »Wie erziehe ich meine Eltern zu ordentlichen, gebildeten Mitgliedern unserer Gesellschaft?« Nicht einmal im Fachbereich Erziehungswissenschaft der FU findet sich ein entsprechender Studiengang.

Es ist sonderbar, aber Eltern sind auch Menschen und sie sind, was die Herstellung und Aufzucht von Nachwuchs betrifft, so was wie ungelernte Arbeiter.

Niemandem ist es erlaubt, ohne gründliche Ausbildung und Führerschein am Straßenverkehr teilzunehmen, aber zur Produktion eines Kindes – das angeblich Kostbarste, was eine Nation besitzt – bedarf es keiner Eignungsprüfung. Nicht einmal Abitur wird verlangt.

Kein Wunder, daß die sogenannten Erwachsenen hinsichtlich der Lebensgewohnheiten der Jugend völlig im dunkeln tappen. Hier bedarf es behutsamer Nachhilfe.

Kinder sollten ihre Eltern rechtzeitig daran gewöhnen, abends nicht zu lange aufzubleiben. Quängelnde, übermüdete Erwachsene benötigen Ruhe, um für die Anforderungen des Lebenskampfes gerüstet zu sein, während die Jugendlichen den endlich freigewordenen Wohnraum nutzen für entspannte Geselligkeit mit ihren gleichaltrigen Freunden. Eine wichtige Übung zur Formung des späteren Sozialverhaltens.

Vor allem sollte genügend Zeit zum Fernsehen bleiben. Die Universitäten neigen dazu, durch ein überreichliches Arbeitspensum das geregelte Fernsehen zu erschweren. Ihr aber solltet nicht nachlassen, vor allem die Werbung intensiv zu verfolgen, die ja leider alle paar Minuten durch unverständliche Spielfilmteile unterbrochen wird. Dann wißt Ihr, was unser Leben so glücklich macht: nicht Wissen, nicht Bildung, nicht Kunst und Kultur… neinnein… es sind der echte Kokosriegel mit Knusperkruste, die sanfte Farbspülung für den Kuschelpullover und der Mittelklassewagen für die ganze glückliche Familie mit Urlaubsgepäck und Platz für ein Nilpferd.

Fundierte Kenntnisse von den Konsumzielen

der deutschen Durchschnittsfamilie machen Euch nicht nur für Eure Eltern unentbehrlich. Auch die Industrie richtet sich nach Eurem Geschmack.

Ich betrat vor kurzem ein Schuhgeschäft, um mir ein paar leichte Sportschuhe zu besorgen. Die geduldige Verkäuferin ließ mich sämtliche lieferbaren Modelle anprobieren.

Schon auf den ersten Blick hatten alle eines gemeinsam: ich sah aus, als sei ich in eine Sahnetorte getreten. Die Dame gab sich keine Mühe, das zu bestreiten, blieb aber ernst.

Als ich ihr meine ebenso schönen wie zweckmässigen Sportschuhe beschrieb, die ich bisher zu tragen pflegte, deutete sie an, zur Zeit dieser Mode noch nicht gelebt zu haben.

Das war nicht galant, aber ich weiß nun, daß für Greise keine Sportschuhe mehr hergestellt werden. Es sei denn, Großeltern finden sich damit ab, wie verschrumpelte Mickymäuse auszusehen.

Nun sind Sportschuhe nicht das Maß aller Dinge. Wodurch aber bewegt sich unsere Welt? Wie sieht es im Reich der Elektronik aus?

Nicht nur Videorecorder, CD-Player, Autoradios, Taschenrechner und Fernbedienungen, auch Jumbo-Jets, Jagdbomber und Atomanlagen reagieren auf die Berührung einer Unzahl von Bedienungstasten, die für reifere Menschen auch mit Brille nicht erkennbar sind. Nur die Jugend ist mit Sinneswerkzeugen ausgestattet, denen sich die Gegenwartstechnik unterwirft.

Hinzu kommt, daß sich moderne Geräte in den Augen der älteren Generation so gut wie nicht mehr voneinander unterscheiden. Wenn das Handy läutet und man hält den Rasierapparat ans Ohr, können Sekunden vergehen, die über Leib und Leben entscheiden. Von Zufall kann hier kaum die Rede sein. Vielmehr soll dem als störend empfundenen älteren Menschen die Teilnahme am Fortschritt systematisch verleidet werden.

Ein übriges tut jene Sprache, die nur ein Jugendlicher beherrscht, der am Computer sitzt, um per Internet eine verläßliche Kommunikationsschiene zum Sohn eines Börsenmaklers in Timbuktu aufzubauen. Da wird die Großtante in Ingolstadt wohl noch des längeren auf ein verständliches Lebenszeichen warten müssen.

Diese mürrische Betrachtung mag den Eindruck erwecken, als fühle ich mich nur der Vergangenheit verpflichtet. Das stimmt insofern, als ich, wie alle Väter und Großväter, zutiefst bedaure, meine Erfahrungen nicht weitergeben zu können, weil sie weder erwünscht sind, noch glaubhaft erscheinen.

So bleibt mir die Hoffnung, Ihr werdet nicht auf sämtliche Knöpfe drücken, die Euch eine schrankenlose Technik zur Verfügung stellt.

Vielleicht seid Ihr dann die erste kluge Generation, die den wirklichen Fortschritt darin erkennt, nicht alles zu tun, was machbar ist.

Ich danke Euch.

Neugebauers Neurosen

Seit etwa 28 Jahren bin ich mit Herrn Neugebauer befreundet und habe noch keine Neurose. Das grenzt ans Wunderbare, denn schon nach flüchtigem Durchblättern eines seiner Werke wird der Durchschnittsleser genötigt sein, sich einer langwierigen psychotherapeutischen Behandlung zu unterziehen. Warum geht also ein gesunder Mensch in eine Buchhandlung, erwirbt die Ausgeburten eines zwar genialen, aber offensichtlich gestörten Zeichnerhirns und gefährdet damit sich und andere? Auf diese Frage ergibt sich nach einem ebenso zeitraubenden wie komplizierten Denkvorgang eine Antwort, die wie alle wirklich bedeutenden Erkenntnisse einfach ist: Ein Mensch, der ein Buch kauft, ist eben nicht gesund. Der gesunde Mensch arbeitet, sieht fern, verdaut und pflanzt sich fort. Er liest nicht. Man darf also behaupten, wer ein Buch wie das vorliegende kauft, war bereits vorher so weit geschädigt, daß weder der Autor noch die Buchhandlung oder der Verlag für den Ausbruch einer Neurose haftbar gemacht werden können, handelt es sich doch um das lang erwartete Standardwerk von einem Wahnsinnigen für Wahnsinnige.

Obwohl es sich nun eigentlich erübrigt, den Autor noch eingehender zu charakterisieren (das meiste fällt ohnehin unter die ärztliche Schweigepflicht), seien hier einige Daten aus Peter Neugebauers Krankengeschichte der Öffentlichkeit zugänglich gemacht.

Mein armer Freund wurde 1929 in Hamburg geboren. Das macht ihn älter, als er aussieht. Kaum zwanzigjährig, war er alleiniger Herausgeber einer Kinderzeitung. Die inzwischen herangewachsenen kleinen Leser dieses Blattes arbeiten heute fast ausnahmslos in leitenden Positionen des internationalen Mädchenhandels. Die Studienjahre von 1951 bis 1954 an der Hamburger Landeskunstschule schienen ihm gutzutun. Sein Blick verlor das Unstete, seine angehende Künstlerhand führte den Pinsel ruhig und sicher. Weder Professor Mahlau noch die Mitschüler haben in dieser Zeit etwas Auffälliges an ihm bemerkt. Mir gab jedoch zu denken, daß er schon damals in Gegenwart von kurzhaarigen Haustieren zu niesen pflegte. Bald darauf begann er seine steile, unheilvolle Karriere bei der damals noch sehr bekannten Illustrierten *Der Stern,* gelegentlich auch bei der

Wochenzeitung *Die Zeit* und der Tageszeitung *Die Welt*. Damit war der Keim zum Ausbruch des Leidens gelegt. Welcher auch nur halbwegs sensible Mensch kann, ohne schweren geistigen Schaden zu nehmen, jahrzehntelang für Presseerzeugnisse arbeiten, die unser Leben so darstellen, wie es ist.

Er veröffentlichte und illustrierte dann verschiedene Bücher im Schweizer Diogenes Verlag, einem Unternehmen, dessen Programm gekennzeichnet ist von pessimistischer Philosophie, Verbrechen und perverser Lust. Die Titel beweisen, daß er spätestens zu diesem Zeitpunkt die Kontrolle über sich verloren hatte: *Vivat Vampir*, *Lexikon der Erotik*, *Mörderglück*, *Draculas Gast*, *Die Bestie mit den fünf Fingern* und ähnliches. Ferner verbreitete er durch die sonst eigentlich seriöse Deutsche Verlagsanstalt *Die Wahrheit über Ludwig II.* und verunsicherte über viele Jahre die Leser des *Stern* durch *Zeus Weinsteins Abenteuer*.

Unverständlicherweise wurde Peter Neugebauer 1968, wohl in Unkenntnis seines psychiatrischen Befundes, mit dem Zille-Preis ausgezeichnet. Daß er in der Tat einer unserer besten Zeichner ist, einer der ganz wenigen, die sich stilbildend auf die Karikatur der Gegenwart ausgewirkt haben, macht seinen Fall nur noch tragischer.

Seit vielen, vielen Jahren fahren wir im Herbst zusammen auf eine italienische Insel, wandern hinauf zu den Palastruinen aus der römischen Kaiserzeit und betrachten schaudernd das sturmgepeitschte Meer. Dann leuchtet es in den Augen meines armen Freundes, und während der Wind in sein immer noch volles Haupthaar fährt, sagt Peter Neugebauer drohend: »Ich bin Claudius, Kaiser und Gott!« Dann sage ich: »Ja, ja«, und alles ist wieder gut.

Der Vampyr

Meine Damen und Herren. Haben Sie sich schon einmal Gedanken darüber gemacht, daß es in unserem Wohlstandsstaat eine notleidende Bevölkerungsgruppe gibt, an der sogar die Reformpläne einer sozialistischen Regierung vorübergegangen sind?

Der Vampyr gehört in der Bundesrepublik zu einer Minderheit. Als Wähler ist er somit uninteressant. Noch vor wenigen Jahren in aller Munde, ist er heute nahezu in Vergessenheit geraten. Was wird für alternde oder unverschuldet in Not geratene Vampyre getan? Nichts! Im Gegenteil: wir werden unter Mißachtung des Grundgesetzes in der freien Ausübung unserer Lebensgewohnheiten vorsätzlich behindert.

Es sind Fälle bekannt, in denen unbescholtene Vampyre öffentlicher Verfolgung ausgesetzt wurden, weil sie nächtlichen Straßenpassanten, in netter Form, Blut entnommen hatten. Ein gesunder Vampyr benötigt pro Nacht ein bis zwei Liter frisches Damen- oder Herrenblut. Dafür verzichtet er aber auch auf Teigwaren, Obst, Käse und Gemüse.

Durch die ablehnende Haltung der Bevölkerung greifen schwere Depressionen und Ernährungsschäden gerade unter jugendlichen Vampyren in erschreckendem Maße um sich. Allein in Rheinland-Pfalz waren im Jahre 1970 mehr als 2000 Vampyre zwischen zwei- und dreihundert Jahren bettlägerig.

Was ist das für ein Staat, der in jedem Jahr Milliarden für die Rüstung ausgibt und keinen Tropfen Blut für seine Vampyre übrig hat. Da stimmt doch was nicht!

Es ist kurz vor 12. Wir wenden uns an die Öffentlichkeit. Wer spendet Blut, Särge, warme Decken und Zahnersatz? Wer nimmt junge Vampyre in den Ferien auf? Wer schnell hilft, hilft doppelt. Geldspenden erbeten auf Postscheckkonto Baden-Baden 22648.

Bizarr – Grotesk – Monströs

Zeichner sollten ja eigentlich lieber zeichnen als reden, aber da ich seit einiger Zeit eben doch mehr rede als zeichne, kommt es ja nun auch nicht mehr drauf an.

Karikaturisten in der Kestner-Gesellschaft. Das ist ein angenehm undeutscher Vorgang. Wieso? Nun: deutsches Wesen erzeugt in seiner Musterhaftigkeit manches bizarre Nebenprodukt. Beispielsweise die Neigung, jedes Ding in einer sauber etikettierten Schublade einzuordnen, um es im Griff zu haben. Wo das nicht möglich scheint, verweist man das Ding gern auf einen diskreten Außenplatz und meidet Kontakte.

Nicht so die Kestner-Gesellschaft. Sie griff nach dem kulturellen Außenseiter Karikatur, zog ihn ans Herz und hängte ihn auf. Ohne Schublade, ohne Etikett, nur geleitet von der etwas vagen, aber ehrlichen Empfindung: bizarr … grotesk … monströs. Ein Wagnis also. Wähnt man nicht Karikaturisten in gefährlicher Nachbarschaft zur leichten Muse? Rauscht da nicht Kunstseide zwischen den

Blättern? Aber da hängen wir nun, und in den Feuilleton-Redaktionen der Tagespresse schiebt man sich den Schwarzen Peter zu, wer um alles in der Welt darüber zu schreiben hat. Und was. Nur die Überschrift steht schon fest: Mit spitzer Feder.

Worauf beruht dieses jungfräuliche Verhältnis zwischen Kunstbetrachtung und Karikatur? Man weiß einfach nicht, wer zuständig ist. Es fehlt das Etikett. Ist das nun Kunst oder nicht? Und wenn ja, darf über Kunst gelacht werden?

In der Musik hat man da eine elegante Lösung gefunden. Es gibt ganz einfach U-Musik und E-Musik. »U« heißt »Unterhaltung«, »E« bedeutet »Ernst«. Alle Plattenfirmen haben ihre Programme dankenswerterweise auf diese Art gekennzeichnet. Jeder Musikkritiker weiß seitdem, daß die *Götterdämmerung* etwas ganz anderes ist als beispielsweise *Pack die Badehose ein*.

Ärgerlich ist nur, wie wenig sich die Komponisten an ihre Schublade gehalten haben. Der Jazz wurde so cool, daß von »U«, sprich »Unterhaltung«, nicht mehr die Rede sein konnte, aber ein E für ein U wollte man auch nicht gleich machen. Und Mozart wäre doch wohl sehr verdrossen, wenn ihm zu Ohren käme, daß man seine Divertimenti nicht zur Unterhaltung rechnen könne, trotz seiner Beteuerungen, sie seien als solche komponiert. Aber im großen ganzen sind kaum Zweifel möglich. U und E ist ein deutlicher Unterschied.

In Malerei und Graphik kannte man bis vor einigen Jahren diese Probleme nicht. Man kam sogar ohne besondere Kennzeichnung aus. Die Mona Lisa hatte mit Mickymaus eben doch wenig Gemeinsames, und der Mann mit dem Goldhelm war mit bloßem Auge von Snoopy zu unterscheiden.

Es gab zwar einige Grenzfälle, Goya etwa, Daumier, Toulouse-Lautrec oder Klee, die satirische oder humoristische Elemente erkennen ließen, aber doch eben in netter Form... Ich meine, es wurde da nichts verwirrt... es blieb alles ganz klar. Das war keine U-Malerei, es war E-Malerei. Und die Karikatur war da, wo sie hingehörte: auf der Humorseite der Illustrierten.

Aber dann nahte das Verhängnis. Seriöse Maler, die auf sich hielten, legten ihren Pinsel aus der Hand, griffen zu Hammer und Nagel, Lötkolben, Bohrer, Kreissäge, Spaten, Diaprojektor und okkupierten im Handumdrehen ein Terrain, das als Zielgebiet auch der Karikaturist hätte vor Augen haben können.

Der hingegen begann, völlig überraschend, Originalzeichnungen anzubieten, handsigniert, und als die langsam knapp und teuer wurden, fertigte er auch satirische Siebdrucke und Lithos, signiert und numeriert. Ehe man sich's versah, war ein Steinberg-Original so teuer wie eine Handzeichnung von Klee. Das war nicht vorgesehen.

Die Kunstbetrachtung sah geniert zur Seite, das Verhältnis zur Karikatur blieb platonisch und somit ohne Folgen.

Es ist ja auch kein Wunder. Immerhin fehlt in der Entwicklung der Karikatur ein aus der Kunstgeschichte gewohntes Gütesiegel: der immer wiederkehrende deutliche Bruch mit der Tradition.

Eben den aber können wir uns nicht leisten. Wir sind auf die Darstellung des Menschen oder menschlicher Eigenschaften angewiesen. Dabei ändert sich zwar die Handschrift, der Inhalt aber nur soweit, als sich das menschliche Verhalten oder der Sinn für die Komik menschlichen Verhaltens ändert. Der Karikaturist darf seiner Zeit, wenn überhaupt, nur einen knappen Schritt vorauseilen, um den Kontakt zur Umwelt nicht zu verlieren.

Es kann also keinen großen, einsamen, seiner Zeit entrückten Karikaturisten geben, dessen Lebenswerk nur für Kenner oder erst nach seinem Tode zum Gegenstand ehrfürchtiger Betrachtung wird. Wir sind eben nicht bizarrer, grotesker und monströser, als unsere Zeit bizarr, grotesk und monströs ist. Schade, aber nicht zu ändern. Und das macht uns für die zeitgenössische und postume Kunstkritik leider so unattraktiv.

Und doch… sehe ich da nicht gegen Ende des kommenden Jahrhunderts diese endlose Menschenschlange, die sich um mehrere New Yorker Häuserblocks windet? Mit Klappstühlen und Schlafsäcken hat sie bei eisigem Wind die Nacht durchwacht, um erst gegen 9 Uhr morgens Einlaß ins Metropolitan Museum zu finden. Dann schiebt sich die geduldige Menge zwei Stockwerke hoch in jenen repräsentativen Saal, der für das künstlerische Ereignis des Jahres völlig ausgeräumt und renoviert worden ist. Im Zentrum des Riesenraumes steht eine einzige Vitrine aus Panzerglas, an der die Menschen entblößten Hauptes schweigend vorbeidefilieren. Eine diskret angebrachte Starkstromleitung und vierzig Polizeibeamte in Zivil sichern das angestrahlte Kleinod. Es ist ein stockfleckiges Blatt aus meinem Notizblock, 9 × 12 cm, darauf ein Nasenmännchen in Bleistift, nicht signiert, mit Expertise der Kestner-Gesellschaft.

Das Deutsche Theater

Sehr verehrter Herr Ministerpräsident,
sehr verehrter Herr Staatsminister,
sehr verehrte Herren Oberbürgermeister und
Bürgermeister,
meine sehr verehrten Damen und Herren,
   als Leiter des Referates für kulturelle Angelegenheiten auf Bundesebene und stellvertretender Kulturbeauftragter des Rahmenausschusses der Sonderbereiche Kunst und Integration, Kunst und Kommunikation sowie Kunst und kulturelle Koordination zur Aktivierung und Optimierung der Bundesmodelle für kulturelle Investitionsprogramme übermittle ich Ihnen, auch im Auftrag des persönlichen Referenten der Abteilung kulturelle Öffentlichkeitsarbeit des Herrn Bundeskanzlers sowie des Arbeitskreises Kunst und Kultur im Informationsstab des Herrn Bundespräsidenten, die herzlichsten Grüße.
   Der Herr Bundespräsident selbst als Schirmherr der Wiedereröffnung dieses Hauses hatte für heute sein Kommen zugesagt, weilt jedoch zur Zeit in

der Volksrepublik China. Das Bundespräsidialamt hatte irrtümlich angenommen, der angekündigte Auftritt des chinesischen Akrobatentheaters fände in Peking statt. Die Glückwünsche der Bundesregierung gelten München und seinem Deutschen Theater, das in der ganzen Schwanthaler Straße nicht seinesgleichen hat.

In einer Stunde, wie wir sie hier und heute erleben dürfen, erscheint es unbegreiflich, daß es Augenblicke gab, in denen der Plan zur Modernisierung einer bedeutenden Kulturstätte zu scheitern drohte. Der Münchner Stadtrat hatte sich seinerzeit zwischen zwei Projekten zu entscheiden. Zur Diskussion standen die Renovierung des Deutschen Theaters und der Ankauf eines einzelnen Kampfflugzeuges vom Typ »Tornado«. Die kulturelle Bedeutung eines modernen Bühnenhauses war außer Zweifel. Auf der anderen Seite aber sprach für den »Tornado«, dank seiner Formschönheit, Wendigkeit und Schnelligkeit, ein hoher öffentlicher Unterhaltungswert. Die Finanzierungsfrage fiel nicht ins Gewicht, da der Preis für das eine wie für das andere Projekt identisch war: DM 48 Millionen zuzüglich Mehrwertsteuer.

Nach monatelangen Beratungen im Bewußtsein der Verantwortung für die kulturellen Aufgaben der Stadt entschied die Feststellung, das Theater habe 1640 Sitzgelegenheiten, der »Tornado« hingegen nur 2, und München bekam sein Theater.

Nach einer bisher mehr im Heimatlichen wurzelnden Bühnentradition – man denke an das *Bayerische* Staatsschauspiel, die *Bayerische* Staatsoper – nun das *Deutsche* Theater, ein kühner Schritt über die Grenzen der Mundart hinaus in das deutschsprachige Mitteleuropa! Er bleibt nicht unbelohnt. Im Gegenzuge ist die Bundesrepublik bereit, den unzugänglichen Südosten unseres Vaterlandes verkehrstechnisch optimal zu erschließen. Das bedeutet: In wenigen Jahren wird Bayern auf dem Wasserwege erreichbar sein. Bonn–München, München–Bonn per Schiff. Ein bewegendes Beispiel natürlichen Kulturaustausches.

Denn nicht nur München, auch Bonn genießt als Kulturstadt Weltruf. Gelegentliche Übertragungen aus dem Plenarsaal des Bonner Deutschen Theaters beweisen, daß auch bei völligem Mangel an Sex gute Unterhaltung möglich ist. Leider wird in diese verdienstvolle Sendung häufig ein Publikum eingeblendet, das auf teuren Plätzen immer nur zur Hälfte applaudiert. Zufall? Der Racheakt einer unterbezahlten Komparserie? Oder nur die übliche Infamie des Fernsehens?

Gleichwohl, das Münchner Deutsche Theater wird durch behutsame Spielplangestaltung in enger Bindung an seine Tradition des ungeteilten Beifalls sicher sein.

Eine Kritik aus dem Jahre 1896, nach einer der ersten Vorstellungen in diesem Hause, möge der Direktion die nötige Zuversicht für ihre Arbeit geben:

»Herr Rippert kann nicht sprechen, Herr Kirsch hat eine heisere Stimme, Fräulein Bre war zu laut. Im Ganzen jedoch ein entschiedener Fortschritt.«

DIOGENES
Der Verlag hat Geburtstag

30 Jahre Diogenes...

Das ist auch die Geschichte zweier Männer, die trotz ihres Alters in bewundernswerter geistiger Frische heute unter uns weilen. Daniel Keel und Ruedi Bettschart, eng verbunden durch die Ähnlichkeit ihrer rätselhaften Herkunft.

Werfen wir einen Blick zurück auf ihr gemeinsames Geburtsdatum, den 10. Oktober 1930...

In den frühen Morgenstunden dieses Tages fanden spielende Hunde auf den Eingangsstufen der Kronenhalle, eingewickelt in den Wirtschaftsteil der *Neuen Zürcher Zeitung,* einen noch warmen Säugling, der auf den Namen »Daniel« hörte. Die Wirtin des noblen Restaurants, damals wie heute führend in der Bewältigung gastronomischer Probleme, bewies auch in diesem Fall Geistesgegenwart und Geschmack.

Sie sagte: »Der kommt mir nicht auf den Tisch.« So wuchs das Kind zwischen den Stuhlbeinen der renommierten Gaststätte auf, erhielt den Beinamen

»Keel«, lernte rasch essen, relativ stockend lesen und schreiben, jedoch niemals rechnen.

Zurück zum nämlichen Morgen des 10. Oktober 1930.

Kurz vor 5 stieß ein Schrankenwärter zwischen den Gleisen der Strecke Zürich–Basel auf einen Geschenkkarton der Firma Teuscher. Statt der erwarteten 3 Kilo Champagnertrüffel entnahm der enttäuschte Beamte dem Karton einen gesunden Knaben, eilte in die Kronenhalle, verzehrte dort mehr, als er sich leisten konnte, und gab den Säugling in Zahlung.

Das prägte den Sinn des Knaben für gute Geschäfte. Er wurde daher »Ruedi Bettschart« genannt.

Bald darauf, noch während des gemeinsamen Krabbelalters, schloß er sich dem jungen Daniel an. Dieser hatte kurz zuvor, unbefriedigt von seinem bis dahin ausschließlich an Nahrungsaufnahme und -abgabe orientierten Leben, einen schöngeistigen Verlag gegründet.

Nachdem beide in einer in der Merkurstraße befindlichen Tagesschule für Kleinkinder unter der Leitung von Frau Hildi Hess sechs Jahre lang notdürftig laufen gelernt hatten, verließen sie in einem unbewachten Augenblick die Kronenhalle, überquerten die Rämistraße, erklommen die Beletage des Hauses Nr. 33 und telefonierten insgesamt dreißig Jahre. So schufen sie den Diogenes Verlag.

In seinen Anfängen noch von einer bedauerlich intensiven Neigung zur Unterhaltung, näherte sich Diogenes bald seiner eigentlichen geistig-moralischen Bestimmung: der Entdeckung unbekannter verstorbener Autoren und deren verdienter Eingliederung in die Weltliteratur. Ich nenne nur zwei: Shakespeare und Goethe.

Der eine, ein englischer Bühnenschriftsteller, erstmals zur Diskussion gestellt in geschmackvoller zehnbändiger Taschenbuchkassette.

Der andere, Frankfurter, an der Schwelle des 19. Jahrhunderts, bisher nur seiner engeren Familie und dem Großherzog von Sachsen-Weimar bekannt, jetzt für 48 Mark mit zahlreichen Abbildungen unter dem Titel *Unser Goethe* der Öffentlichkeit vorgestellt. Man wird sehen…

Soviel ist jedoch sicher. Nie hat der Diogenes Verlag über die ökonomische Notwendigkeit hinaus finanzielle Gewinne angestrebt. Alles Entbehrliche floß den Autoren zu und einigen Damen, die nicht genannt sein möchten. Ein Verlag, der neue Maßstäbe gesetzt hat: Diogenes!

Der Goldene Möbelwagen

Sehr verehrter Herr Minister,
sehr verehrter Herr Präsident,
meine sehr verehrten Damen und Herren,

nicht ohne tiefe Bewegung habe ich diese hohe
Auszeichnung aus der Hand des Herrn Präsiden-
ten empfangen. Nehmen Sie meinen ganz beson-
deren Dank.

In der Geschichte der Menschheit ist der »Goldene Möbelwagen« bisher nur viermal verliehen
worden. Das Große Bundesverdienstkreuz mit
Stern und Schulterband erscheint dagegen, bei
rund 1800 Verleihungen, als eine vergleichsweise
volkstümliche Dekoration, etwa wie der Nobel-
preis mit seinen über 400 Preisträgern.

Das Bewußtsein, nun zu einem ganz kleinen, er-
lesenen Kreis zu gehören, erfüllte mich zunächst
mit Zweifeln, ob denn meine Leistung und mein
Lebenswandel eine derartige Bevorzugung recht-
fertigten. Die Worte des verehrten Herrn Kultus-
ministers, für die ich mich an dieser Stelle von Her-

zen bedanken möchte, bestärken mich nun jedoch in der Ansicht, daß diese Auszeichnung niemand Würdigeren hätte treffen können.

Aber Ehrung bedeutet auch Verpflichtung. Ich habe nun zu prüfen, ob meine Freunde, meine Frau und mein Kraftfahrzeug noch zu mir passen.

Da dieses Problem schon von anderen, teils mit Bravour, gelöst wurde, sehe auch ich meiner Bewährung zuversichtlich entgegen.

Ein Wort des Dankes an diese Stadt. Ich entdeckte Stuttgart rein zufällig, als ich in jungen Jahren auf einer Radfahrt von Plochingen nach Plieningen von der geteerten Straße abkam. Zunächst bestaunten die zutraulichen Einwohner den Fremden, verloren aber bald ihre Scheu, bewirteten mich mit handgefertigten Teigwaren, und ich beschloß zu bleiben.

Da ich ihre Sprache zwar verstehen, aber nicht sprechen lernte, hielt ich mich meist im Eberhard-Ludwigs-Gymnasium auf, in dem das Altgriechische gepflegt wurde, eine simple Sprache, die mir weniger Schwierigkeiten bereitete. Es waren glückliche Jahre. Bis Stuttgart eines Tages an das geteerte Straßennetz angeschlossen wurde, elektrisches Licht bekam und Telefon. Da bin ich dann weggezogen.

Vor knapp 120 Jahren, genau gesagt: im Mai

1864, war ein anderer Fremder auf die Gastfreundschaft Stuttgarts angewiesen: Richard Wagner, dessen Hinscheiden sich morgen zum 100. Male jährt. Er befand sich seinerzeit auf der Flucht vor seinen Gläubigern, in der Annahme, hier sei er nicht auffindbar. Aus dieser mißlichen Lage erlöste ihn ein Bote des Königs von Bayern: Seine Majestät geruhte, ihm in Zukunft alle Sorgen abzunehmen. Seither hat Stuttgart den Ruf eines Sprungbrettes zur Weltkarriere.

In diesem Zusammenhang darf ich den verehrten Herrn Kultusminister auf eine bestürzende Tatsache hinweisen, die dem verehrten Herrn Oberbürgermeister bekannt sein dürfte:

Laut amtlichem Telefonbuch 1982/83 leben zur Zeit, mehr oder minder verborgen in den Mauern dieser Stadt, wohl in Erwartung eines Boten aus München:

     1 Johann Sebastian Bach,
     1 Anton Bruckner,
     1 Richard Strauss,
     1 Franz Schubert und
    16 Richard Wagner.

Meine Damen und Herren, ich brauche Ihnen nicht zu sagen, welche einmalige Chance von welthistorischer Bedeutung sich hier der Landeshauptstadt Baden-Württembergs bietet, die Kunststadt München ein für allemal in ihre Schranken zu weisen.

Aber vielleicht ist der Zeitpunkt unglücklich gewählt, um über kulturpolitische Aktionen zu sprechen, die erst nach jenem Datum eingeleitet werden können, das uns geistig, seelisch und körperlich nahezu völlig in Anspruch nimmt: die Bundestagswahl am 6. März 1983. An diesem Tage werden, wie wir wissen, die Weichen gestellt für die Fahrt durch die letzten Jahre dieses Jahrtausends und möglicherweise viele weitere Jahrtausende.

Mit gewissem Befremden stelle ich fest, daß der heutige Abend es weitgehend an jenem Ernst fehlen läßt, den die Stunde gebietet. Das zentrale Problem, so scheint mir, liegt in der Ungewißheit, ob der Wähler richtig oder falsch entscheidet. Sinn und Zweck jeder Veranstaltung bis zum 6. März muß daher die politische Schulung sein. Ich möchte meine Ausführungen mit einer Demonstration schließen, die aus der Sicht des Bundestagspräsidenten geeignet ist, sich parteipolitisch zu orientieren:

Denken Sie sich jetzt eine gerade Linie von der Bühne über den Mittelgang bis zur Türe dort hinten in der Mitte. Darf ich nun alle Damen und Her-

ren bitten, die sich auf *dieser* Seite der Linie befinden, sich, möglichst ohne etwas umzustoßen,
zu erheben................. vielen Dank!

Sehen Sie, meine Damen und Herren: Das sind
die Linken!

Guten Abend.

Das neue Landratsamt

Wir sind Zeugen eines Phänomens. Was uns noch vor kurzem fesselte – die Beziehungen zwischen Ost und West etwa, ein Kapitalverbrechen im Freundeskreis, das drohende Ende der Menschheit und Ähnliches –, es hat alles an Glanz verloren oder erscheint doch seltsam blaß vor dem Hintergrund eines Ereignisses, das plötzlich und unerwartet eingetroffen ist: Starnberg hat ein neues Landratsamt.

Bevor ich jedoch in das gemeinsame Frohlocken einstimme, möchte ich mit gebotenem Ernst auf einen Umstand hinweisen, der geeignet sein könnte, den Festakt politisch zu belasten:

Ich bin – ich sage das in aller Offenheit – im Landkreis Bad Tölz-Wolfratshausen ansässig, und auch das erst seit vierundzwanzig Jahren. Es erhebt sich somit die Frage, ob ein Ortsfremder mit unsteter Wohnweise, ein Tourist also, im Rahmen einer so extrem bodenständigen Feierstunde, wie es die Einweihung eines Landratsamtes nun einmal ist, das Wort ergreifen sollte. Auch kommt erschwerend hinzu, daß ich infolge der Ungnade meiner nördlichen Geburt die hiesige Landessprache nicht beherrsche. Kurz, ich bin auf Ihr Wohlwollen gegenüber Auswärtigen angewiesen.

Als Gegenleistung werde ich langsam sprechen und keine Fremdwörter verwenden, die uns nicht auch aus der bayerischen Presse vertraut sind.

Bevor wir das Bauwerk selbst näherer Betrachtung unterziehen, lohnt ein Blick auf die Geschichte dieser Stadt.

Als früheste menschliche Ansiedlung ist die Praxis eines Hals-Nasen-Ohren-Arztes nachgewiesen. Neben der einfachen Feuerstelle mit Gebirgsblick fanden sich Faustkeile unterschiedlicher Größe, die der kunstfertigen Behandlung von Mittelohr und Kehlkopf dienten. Der Patientenkreis setzte sich größtenteils aus Sängern und Schauspielern zusammen, denen hier medizinische und psychologische Hilfe zuteil wurde. Bald scheuten viele dieser auf ihre Stimme angewiesenen Zugvögel die weite Anreise. Sie ließen sich nieder und gaben der Anhöhe ihren Namen: Starenberg.

Schon wenige tausend Jahre später fand das erste Bezirksamt unterhalb des heutigen Bahnhofs in einer zwar geräumigen, aber baufälligen Badehütte Platz. Diese löste sich jedoch zu wiederholten Malen bei Nordwestwind vom Ufer und wurde erst nach mehrstündiger Fahrt über den aufgewühlten See zwischen Holzhausen und Sankt Heinrich an Land gespült. Auf die Dauer empfand man diesen Zustand als nicht zufriedenstellend, da die jeweilige Rückgabe des Gebäudes auf dem Dienstweg und der damit verbundene Schriftverkehr die zur Verfügung stehende Bürozeit zur Gänze in Anspruch nahmen.

Aber erst im Jahre 1902 war es dann soweit: das Bezirksamt erhielt am Vogelanger ein eigenes, schmuckes Gebäude, das mit seinen humanen Arbeitsbedingungen weit in die Zukunft wies.

So wurden Räume, die für Damen und Herren gesondert zu kurzfristiger Inanspruchnahme vorgesehen waren, durch Einlagerung von Aktenmaterial in die Verwaltungsarbeit einbezogen und dafür die Nutzung entsprechender Räumlichkeiten im nur 6 Gehminuten entfernten Bahnhof vertraglich abgesichert. Die dadurch erforderliche tägliche Bewegung hatte sowohl eine Leistungssteigerung des Beamtenapparates als auch eine deutliche Belebung der Ortsmitte zur Folge. Ein frühes Beispiel der an glücklichen Entscheidungen reichen Starnberger Kommunalgeschichte.

Leider erwies sich schon während des 2. Weltkrieges das Dienstgebäude als zu klein, und bis zum Jahre 1972 war das Landratsamt auf zehn ausgelagerte Dienststellen verteilt. In diesem Zusammenhang sei jenen Starnberger Familien gedankt, die trotz eigener beschränkter Wohnverhältnisse zusammenrückten, um ihrer Kreisverwaltung die notwendigen Räume zur Verfügung zu stellen.

Nur ein Beispiel – stellvertretend für viele – sei hier dankbar erwähnt. Das Rentnerehepaar Rudolf und Sieglinde Straublinger, am Bahndamm 12, zog sich in den Wohnraum ihrer Zwei-Zimmer-Wohnung zurück, als das Amt für öffentliche Sicherheit und Ordnung im Schlafzimmer seine Arbeit aufnahm.

Am 10. März 1969 schien man der Lösung des Problems nahe. Der Kreistag beschloß die Errichtung eines neuen Landratsamtes in günstiger Nähe zum Kreiskrankenhaus und seinen sanitären Einrichtungen. Das Grundstück warf jedoch ein neues, unerwartetes Problem auf: es lag im Bereich der Gemeinde Söcking. Da das Gesetz vorschreibt, den Landkreis nach dem Sitz des Landratsamtes zu benennen, hätte Starnberg in »Söcking« umbenannt werden müssen. Dies schien noch tragbar, wohingegen der Fremdenverkehrsverein auf die Bezeichnung »Söckinger See« sehr unfreundlich reagierte. Endgültig scheiterte das Vorhaben am erbitterten Widerstand der

Gastronomie und ihrer Weigerung, »Söckinger Renken« in die Speisekarten aufzunehmen.

Weitere sechzehn Jahre gingen in den Landkreis bis zum ersten Spatenstich für ein Gebäude, das einzuweihen wir heute die Ehre und, wie ich meine, auch das Vergnügen haben.

Zunächst als Erweiterungsbau der benachbarten chinesischen Gaststätte mit Einliegerschwimmbad konzipiert, konnte das Bauwerk mit wenigen Handgriffen seiner heutigen Bestimmung angepaßt werden.

Um großzügige Parkflächen und eine leistungsfähige Kantine gruppieren sich Liegeräume mit günstigem Lichteinfall und Markisen gegen drohenden Sonnenbrand.

Reichgegliederte Anbauten beherbergen Hallenboccia und Massagezentrum für den Fall, daß eine Schlechtwetterperiode die Nutzung der Minigolfanlage verbietet.

Den maßvollen Arbeitseinsatz der 280 Beamten und Mitarbeiter überwachen zwei hauseigene Amtsärzte zur Vermeidung vorzeitiger Verschleißerscheinungen.

Das Auffinden unseres neuen Landratsamtes ist auch für Ortsunkundige verhältnismäßig einfach: Wenn man Starnberg ostwärts verläßt, liegt es gleich rechts, nach der vierten Tankstelle, leicht zugänglich für jedermann. Aus Richtung München ist dagegen das Eindringen nur nach gewaltsamer Überwindung eines wasserführenden Wehrgrabens möglich.

Das ist vielleicht ein Zufall. Oder ist es der erste Schritt auf dem Wege Starnbergs in die Unabhängigkeit als gleichberechtigter Partner im westlichen Verteidigungsbündnis, bei aller Freundschaft mit Bayern und der Bundesrepublik? Wir wissen es nicht.

Zunächst wird in dieses anmutige Haus der Alltag einkehren mit seinem gewohnten Aufgabenbereich: Aufschüttung und Begrünung des Starnberger Sees, Eröffnung der Sommerfestspiele im Undosabad mit dem *Ring des Nibelungen* und was der Dinge mehr sind.

Dem neuen Amtsgebäude, dem darin enthaltenen Herrn Landrat und seinen 280 Mitarbeitern gelten unsere herzlichen Glückwünsche!

MEIN LEHRER WILLEM GRIMM

Je älter wir werden, desto neugieriger betrachten wir unsere Vergangenheit, desto verwunderter vergleichen wir Zeiten und Räume.

Vieles haben wir verdrängt in eine Art privater Schadstoffdeponie, manches ist abrufbar und dient einem meist amüsierten Blick auf die durcheilten Jahre, und nur ganz wenige Erinnerungen sind immer griffbereit, immer in Benutzung und verlieren nichts von ihrem Glanz. Von einer solchen soll hier die Rede sein. Sie heißt: Willem Grimm.

Im Herbst 1947 waren von meiner heroischen Vergangenheit 6 Paar Socken und einige feldgraue Kleidungsstücke übriggeblieben, die der Verewigung eines vormals großdeutschen Reiches gedient, dieses jedoch überlebt hatten. Sie befanden sich nun in einem Acht-Quadratmeter-Zimmer, das ich von einem Friseurehepaar gemietet hatte. Der den Wohnräumen angeschlossene Damen- und Herrensalon besaß infolge seiner geschäftsgünstigen Lage zwischen Zuchthaus, Nervenklinik und Friedhof einen verläßlichen Kundenkreis.

Ich war 23, und mein einziger, kostbarer Besitz, neben den Lebensmittelkarten, war die Zulassung zum Studium an der Landeskunstschule Hamburg. Die Grimm-Klasse wurde mein Zuhause, mit meinen Freunden und meinem Lehrer Willem Grimm. Das ist nun 37 Jahre her, und ich habe nie aufgehört, ihn zu bewundern.

Er brauchte keinen Auftritt, wenn er in die Klasse kam, er war einfach da. Er verschaffte sich keinen Respekt, er hatte ihn. Einmal in der Woche, ich glaube am Freitag, fand die sogenannte Korrektur statt. An diesem Tage hatten wir uns vollzählig in der Klasse einzufinden und befestigten mit Reißnägeln die Ergebnisse unserer zeichnerischen und malerischen Bemühungen an Stellwänden, um sie kritischer Betrachtung auszusetzen.

Jüngere Kunstschüler haben ein besonders fein entwickeltes Gehör für Kritik. Das mag damit zusammenhängen, daß man dieses Studium ja nicht gewählt hätte, ohne sich, wenn schon nicht für genial, so doch für immens begabt zu halten. Willem Grimm hat die magische Fähigkeit, den Betroffenen fast gänzlich zu verschonen und dennoch eine schwache Stelle empfindlich aufzuspüren.

Ich hatte mich im Tierpark Hagenbeck dem Studium der Tierwelt gewidmet und unter anderem einen Papagei zu Papier gebracht. Eine nichtswürdige Federzeichnung mit leichter Hand in schwarzer Tusche. »Entzückend«, hätte meine Wirtin gesagt. Da hing das Blatt nun an der Wand. Willem Grimm verhielt den Schritt nur leicht, faßte den Papagei sekundenlang ins Auge und sagte im Weitergehen: »Ja, ja, mit dem Strich ist viel Geld zu verdienen...«

Da der Boden der Landeskunstschule sich nicht auftat, durchlitt ich den Augenblick in seiner ganzen Schande. Ich hatte meinen Lehrer verstanden und wohl mehr gelernt als sonst in einem ganzen Semester.

Wir lebten im zerstörten Hamburg, in einer vom Wiederaufbau und materiellen Gewinn faszinierten Umgebung. Aber wir blieben davon seltsam unberührt. Die linearen und malerischen Probleme eines Stillebens waren fesselnder als der Schwarze Markt.

Eines Morgens brachte Willem Grimm seinen Plattenspieler in die Klasse. Wir hörten Mozart, Bach und, wie ich glaube, Beethovensche Streichquartette. Willem Grimm genügte es nicht, uns eine gewisse Fertigkeit im Malen und Zeichnen zu vermitteln, als gäbe es nichts anderes auf der Welt.

Es gelang ihm, eine ständige, neugierige Aufregung wachzuhalten, Musik und Literatur wie selbstverständlich in das Ringen gegen eine unproportionierte Aktzeichnung, gegen die Tücken eines in Verwesung übergehenden Stillebens mit Fisch einzubeziehen.

Nun liegt der Verdacht nahe, im Laufe der Jahre habe sich die Gestalt meines Lehrers ganz unzulässig zu einer Art männlicher Marienerscheinung verklärt. So ist es jedoch nicht.

Zum einen steht Willem Grimm gesund und munter unter uns, in seiner ganzen, für mystische Erscheinungen untypischen Diesseitigkeit, zum andern war damals etwas, an das ich mich nur zähneknirschend erinnere, mich also von dem Verdacht der Schönfärberei befreit.

Um es kurz zu machen: Durch die genannten Eigenschaften des Professors wurde den weiblichen Schülern fast zur Gänze der Blick verstellt auf uns, ihre Mitschüler. Nur in zähem Einsatz konnten wir etwas von jener Zuwendung abzweigen, die ihm mühelos zufiel.

Nun sind 37 Jahre vergangen. Wir folgten dem Ruf der Kulturbehörde, der Freien und Hansestadt Hamburg, einer delikat gestalteten Einladung unter dem Geschäftszeichen K 43/32-080.5 G, um einen Mann zu ehren, der uns, seinen Schülern, den Respekt vor der rechteckigen, weißen Fläche mitgegeben hat und damit das Augenmaß für die Proportionen unseres Lebens.

Ich verneige mich vor unserem Lehrer Willem Grimm in Dankbarkeit und Liebe.

Versuch über Joachim
Zum 60. Geburtstag des Kritikers
Joachim Kaiser

Wenn ein Mensch das sechste Lebensjahrzehnt bewältigt hat und seine Bedeutung über die Gemeindegrenze des Geburtsortes hinausweist, darf er damit rechnen, daß die Öffentlichkeit seiner Leistungen gedenkt und ihn in angemessener Weise zu feiern wünscht.

Andrerseits ist es so gut wie niemals vorgekommen, daß die Kulturträger des Landes ihren verdienten Mitbürger in einer wirklich entscheidenden Phase seines Lebens, anläßlich seiner Geburt nämlich, in würdiger Form empfangen hätten.

Meines Wissens gibt es nur eine Ausnahme: Heute vor sechzig Jahren, am 18. Dezember 1928, wurde Joachim Kaiser im ostpreußischen Milken, Kreis Lötzen, geboren, und die Elite der zeitgenössischen Literatur und Musik huldigte dem Säugling in bis dahin unbekanntem Ausmaß.

So widmete Stefan Zweig dem jüngsten Milkener seine soeben erschienenen *Historischen Miniatu-*

ren und gab ihnen im Hinblick auf die stattgehabte Entbindung den Titel *Sternstunden der Menschheit.*

Die Colette steuerte den Roman *Tagesanbruch* bei, ein Werk von eher mittlerer Qualität.

Brecht und Weill konnten noch rechtzeitig Text und Partitur der *Dreigroschenoper* beenden. Die handgeschriebene Zueignung Brechts für den kleinen Joachim (»dem Guten, Wahren, Schönen...«) ist 1945 in den Kriegswirren verlorengegangen.

Leider nutzte Barlach das freudige Ereignis zur Selbstdarstellung. Er veröffentlichte seine Autobiographie *Ein selbsterzähltes Leben,* ohne darin Joachim Kaiser mit einem einzigen Wort zu erwähnen. Auch in Bindings *Erlebtes Leben* suchen wir vergeblich. Gewiß, der junge Kaiser war zu diesem Zeitpunkt erst wenige Wochen alt und hatte den immensen Umfang seiner kritischen Begabung noch nicht zur Gänze gezeigt, aber damit ist bei beiden Künstlern der mangelnde Blick für das Wesentliche nicht zu erklären. Sie sind – und damit wollen wir es bewenden lassen – wohl einfach überschätzt.

Als sehr viel weitsichtiger und dem Anlaß angemessen erwies sich der Beitrag von Wilhelm Lange-Eichbaum. *Genie, Irrsinn und Ruhm* hieß die sorgfältige Arbeit, die er dem Knaben zueignete.

Der junge Erich Kästner erschien mit seinem ersten Gedichtband, *Herz auf Taille*. Angestrichen hatte er die Zeilen: »Schlaf ein, mein Kind! Mein Kindchen schlaf! Du hast nichts zu versäumen.« Das kam nicht gut an im Elternhaus.

Freundlicher aufgenommen wurde Paul Ernst. Er legte *Das Kaiserbuch* vor. Erst Jahre später bemerkte Vater Kaiser, der infolge seiner Tätigkeit als ostpreußischer Landarzt sein Leben zumeist von Wölfen verfolgt im Schlitten auf der gefrorenen Masurischen Seenplatte verbrachte und daher selten zum Lesen kam, daß es sich bei besagtem *Kaiserbuch* um ein zähes Versepos handelte mit keinerlei Hinweisen auf die gleichnamige Arztfamilie und ihr Neugeborenes.

Als sehr unpassend wurde auch die Gabe von D. H. Lawrence empfunden. *Lady Chatterley's Lover* gehöre nicht in die Hände eines Kleinkindes, auch wenn es für sein Alter ungewöhnlich entwickelt sei. Mutter Kaiser, die einer seit dem 17. Jahrhundert im Thüringischen ansässigen protestantischen Pastorenfamilie entstammte, nahm es dem Engländer ein Leben lang übel.

Als von bleibendem Wert eingestuft wurde dagegen Van de Veldes *Die vollkommene Ehe*. Leider hat der Jubilar erst kürzlich die Seiten aufgeschnitten und flüchtig hineingesehen.

Bleibt noch Alfred Polgar. Der Titel seines ansprechenden, in Halbleinen gebundenen Berichtes *Ich bin Zeuge* gab Rätsel auf. Glücklicherweise erwies sich die anfängliche Befürchtung des Elternpaares, es handle sich um einen Vaterschaftsnachweis, als Mißverständnis.

Auf der literarischen Seite ist übrigens auch ein Trauerfall zu beklagen: Als Hermann Sudermann von der bevorstehenden Geburt Joachim Kaisers erfuhr, war er sich über mögliche Folgen im klaren. Er verschied. Anlaß genug für Thomaskantor Straube, Bachs *Musikalisches Opfer* in Leipzig uraufzuführen.

Überflüssigerweise wurde eine Taktlosigkeit von Richard Strauss bekannt. Er soll im Freundeskreis geäußert haben, die soeben vollendete Partitur der *Ägyptischen Helena* sei ihm als Geschenk für einen Milkener Kritiker zu schade. Das hätte er nicht sagen sollen. 36 Jahre später schrieb Joachim Kaiser, ich zitiere: »Was überhaupt an der Opernform und an Opernaufführungen fragwürdig, verdächtig und peinlich scheint, trifft bei einer Darbietung der *Ägyptischen Helena* von Richard Strauss beklemmend zusammen.« Zitatende. Kein Wunder.

Ein letzter Blick auf das Jahr 1928 lehrt uns, daß Joachim Kaiser und Mickey Mouse fast gleichzeitig Geburtstag haben. Allerdings bleibt diese Tatsache ohne Kenntnis der Geburtsminute unergiebige Aszendentenspielerei, zumal sich weder charakterliche noch physiognomische Anhaltspunkte für eine nennenswerte Affinität ergeben.

Die erste Berührung des Knaben mit der Welt der Musik fällt in das Jahr 1931. Brahms und Bruckner, die beiden Kaltblüter des benachbarten Kleinbauern Rohle Buttgereit, waren durchgegangen und hatten den gepflegten Gemüsegarten von Mutter Kaiser heimgesucht. Rohle Buttgereit, ein gewandter Alphornbläser und Besitzer des einzigen Instrumentes dieser Art zwischen Pillkallen und Rastenburg, hatte sich daraufhin genötigt gesehen, der Geschädigten ein Ständchen zu bringen. Nach der Darbietung erhob sich Joachim und ließ den ersten zusammenhängenden Satz seines Lebens vernehmen. Er sagte: »Rohle, du hast die Sechzehntel ziemlich unsauber geblasen.« Noch am selben Abend schrieb der Zweieinhalbjährige ein Thema mit zwölf Variationen für Alphorn und Continuo in C-Dur, das dann später als Masurische Suite Opus 1, Nr. 1 in das schmale Werkverzeichnis aufgenommen wurde.

In diesem Frühwerk, dessen XI. Variation wegen ihrer widerhaarigen doppelten Kontrapunktik im

Prestissimo noch heute als unspielbar gilt, fällt die Nähe zum späten Mendelssohn auf, wenn man über eine gewisse Brahmssche Grifftechnik (wer denkt da nicht an das selten gespielte Oktett für Blockflöten und Harfe in fis-Moll des Hamburger Meisters!) hinwegzuhören bereit ist.

In den allgemeinen familiären Stolz mischte sich nur die Enttäuschung des Vaters, der gehofft hatte, seinen Sohn nach abgeschlossenem Medizinstudium zu einer rührigen Tätigkeit als Frauenarzt der Gemeinde Milken, Kreis Lötzen und Umgebung, überreden zu können. Er mußte einsehen, daß die Begabung Joachims nicht in diese Richtung wies. Aber noch konnte niemand ahnen, daß dieser Mitte der siebziger Jahre rund 32 Klaviersonaten Beethovens der Vergessenheit entreißen würde.

Zunächst unterzog der heranwachsende Joachim mit Hilfe seiner ebenso reinen wie praktischen Vernunft das Wirken eines anderen großen Sohnes Ostpreußens einer kritischen Betrachtung. Immanuel Kant hatte zeitlebens seinen Geburtsort Königsberg nicht verlassen und blieb infolgedessen – beispielsweise in München – nahezu unbekannt. Diesen Fehler gedachte Joachim Kaiser nicht zu wiederholen und beraubte somit die Gemeinde Milken ihrer einzigen touristischen Attraktion.

Leider bemerkte die Familie Kaiser in der Aufbruchseile vor dem Einmarsch der Roten Armee zu spät, daß man zwar eine ausreichende Portion frischer Flußkrebse mitgenommen, das Klavier jedoch versehentlich zurückgelassen hatte. Die Folgen sind bekannt. Joachim Kaiser beendete die kaum begonnene Ausbildung zum freischaffenden Pianisten und widmete sich dem Verzehr von Flußkrebsen.

Zwischen den Mahlzeiten ergaben sich Freiräume für philosophische und musikwissenschaftliche Studien, die der musischen Abrundung einer erfreulich kulinarischen Weltsicht dienten, an der seine Freunde nun schon seit Jahren teilhaben dürfen. So lasen wir am 6. Mai 1985:

»Der Mezza-Voce-Beginn des langsamen Haydn-Largos erklang wunderschön zart, während der Gesamteindruck zu weichlich geriet.« Ähnliches formulierte er neulich beim Verzehr einer geräucherten Entenbrust.

Wir waren zu zweit und nahmen einen leichten Bordeaux in Achteltriolen. Bei der Durchführung des Hauptganges bis zum Aufleuchten des Dolce-Themas im Finale enttäuschte leider die hemiolische Kontrastrhythmik...(Also 2 gegen 3 im sehr langsamen Tempo; später durch Sechzehntelsextolen ergänzt und überhaupt nicht verunklärt, wie man weiß...)

Erst durch die Zugabe, ein Quarksoufflé, das wir trotz zwanzigminütiger Zubereitungsdauer viermal bestellten, wurde es dann noch ein großer Abend.

Lieber Joachim, gewiß denkst du manchmal zurück an deinen Spaziergang mit Adorno vor über dreißig Jahren. Du berichtetest mit Sachkenntnis und sympathischer Begeisterung von einem Platzkonzert des hessischen Trachtenvereins Oberursel, dessen renommierte Blaskapelle ein Opernpotpourri zu Gehör gebracht hatte. Da sagte Adorno sein häufig zitiertes Wort »Jaja, die Musik« – und du wußtest, welchen Weg du zu gehen hattest. Alles Weitere ist bekannt.

Nun hindert mich eine gewisse Genanz, die uns nördlich Geborene verbindet, dir alles das zu sagen, was mich an diesem, an deinem Tage bewegt. Nur soviel: Ich werde nicht müde, dir zuzuhören. Du bist einer von den wenigen, die ich gern in meiner Nähe wüßte, wenn unser Planet ganz unerwartet detonierte. Du würdest, mit verschränkten Armen lauschend, den Kopf zunächst zurück-, dann schräg nach vorn geneigt, die Spontaneität der rauschhaften 64stel durchaus als Gewinn betrachten, den e-Moll-Gedanken im Es-Dur-Kosmos aber eben doch vermissen, zumal die erhofften Presto-Träume trotz ungewöhnlich groß angelegter Durchführung leider nicht stattgefunden hätten. Schöne Momente also, aber kein Ereignis… Ich wüßte nicht, was tröstlicher wäre…

Sei umarmt, mein lieber Freund, vergiß die Zahl und genieße den Tag. Es ist ein schöner Moment… und ein Ereignis!

Was ist Film?

Sehr verehrter Herr Ministerpräsident,
sehr verehrter Herr Staatsminister,
meine sehr verehrten Damen und Herren,
    wenn in einer Gruppe – beispielsweise von Film-
preisträgern – sich niemand für eine gewisse heikle
Aufgabe freiwillig meldet, trifft es einfachheits-
halber den Jüngsten, den Jungfilmer. Also traf es
mich … und ich habe nun … wenn mich nicht alles
täuscht, die … ähm … die Ehre.

Ich bin beauftragt, unseren Dank in Worte zu
fassen, den Dank an den Herrn Ministerpräsidenten, an das Bayerische Staatsministerium für Wissenschaft und Kunst und an die Jury, im beson-
deren an Rosel Zech und Eberhard Hauff, für die
Verleihung des Bayerischen Filmpreises 1988.

Nicht nur unser Dank, auch unsere Freude ist
beträchtlich … und wir wollen sicherheitshalber
nicht die Frage aufwerfen, ob wir dieser großzügi-
gen Auszeichnung auch würdig seien. Die Gefahr,
die Jury könnte es sich vielleicht doch noch anders
überlegen, ist einfach zu groß.

Auf der Suche nach einem Thema, das sich meinen Ausführungen im Rahmen dieser festlichen Preisverleihung sinnvoll einfügt, stieß ich unvermutet auf den Begriff »Film«.

Was ist Film? Zunächst bedeutet »Film« die Möglichkeit, 24 Bilder in einer Sekunde zu betrachten. Das sind 86 400 Bilder pro Stunde! Also rund 130 000 Bilder bei Spielfilmlänge.

Und wenn der Bundesbürger im Jahr 35 Kinovorstellungen besuchte, hätte er in diesem Zeitraum 4 550 000 Bilder gesehen. Auch der routinierteste Betrachter von Bildergalerien, Bilderbüchern, Illustrierten, Zeitschriften, Fotoalben und Ansichtspostkarten kann da kaum mithalten. Hier liegt die ungeheure Bedeutung des Mediums »Film« für unsere schnellebige Zeit.

Der kleine Bruder des Films, das sogenannte Fernsehen, darf in diesem Zusammenhang unerwähnt bleiben. Es kämpft noch um einen festen Platz in der Medienvielfalt. Allerdings stellen wir nicht ohne Bestürzung fest, daß der heutige Abend von Fernsehkameras aufgezeichnet und verbreitet wird.

Versuchen wir, auf die Frage »Was ist Film?« eine weitere Antwort zu finden.

Wir sind es gewohnt, den Wert einer Sache – und damit auch ihre geistig-moralische Bedeutung – an ihren Kosten zu messen. So gesehen zählt der Film zu den kostbaren Kulturgütern unserer Zeit. Der Spielfilm, als künstlerischer Spiegel der Wirklichkeit, ist kostspieliger, also wertvoller als die Wirklichkeit. Er ist besonders wertvoll. Ein Beispiel mag hierfür genügen.

Um einen Festakt wie diesen filmisch überzeugend nachzuspielen, wäre man zunächst genötigt, den Innenraum dieses Theaters in den Bavaria-Filmstudios nachzubauen. Bei preisgünstiger Ausführung in Schaumstoff, Sperrholz und Preßpappe lägen die Kosten, einschließlich Studiomiete und Beleuchtung sowie späterem Wiederabbruch und umweltfreundlicher Vernichtung der Theaterattrappe, knapp über den Baukosten des Originalgebäudes.

Ähnlich verhält es sich mit Komparserie und Hauptdarstellern. Dieser Raum faßt 420 Damen und Herren in korrekter Abendgarderobe. Das bedeutet für 420 Komparsen Maßkleidung, geliehenen Schmuck, Orden und Ehrenzeichen, plus Gage und Sozialabgaben, wobei weltmännische Haltung und der Anschein intellektueller Konversation erst einstudiert werden müßten. Im Vergleich hierzu fällt die derzeitige Anwesenheit des Originalpublikums mit überwiegend eigener Garderobe finanziell so gut wie gar nicht ins Gewicht. Auch hinsichtlich der Hauptrollen ist ein Schauspieler mittlerer Qualität (bei freier Unterkunft und Verpflegung) pro Abend kostenintensiver als etwa der Herr Ministerpräsident persönlich.

Dies allein ist schon eindrucksvoll, und doch liegt – weit jenseits des berechenbaren materiellen Aufwands – die Erfüllung des Films in den Bereichen der Kunst. Oder besser: Die Lebenswirklichkeit im Film als Kunst… die *Kunst* des *Films*, des Ernstes Films… erfüllt des Ernstes *Kunst*… in Ernstens Leben…

In diesem Sinne werden wir bemüht sein, das in uns gesetzte Vertrauen zu rechtfertigen.

Der Traum von kurzen Strümpfen

Es ist gar nicht einfach, etwas zu sagen mit Lubitsch im Kopf und einem Kloß im Hals...

Ich danke der Jury und dem Club der Filmjournalisten, Berlin, von Herzen für diese Auszeichnung, die mich sehr bewegt, weil sie eine Verbindung herstellt zwischen meiner Heimatstadt, die ich liebe, meiner Arbeit und diesem bewundernswerten Mann aus Berlin, der zur Filmlegende wurde und der durch die Verleihung dieses Preises an erster Stelle geehrt wird: Ernst Lubitsch.

The Love Parade, Liebesparade, hieß der erste Tonfilm, den Lubitsch im Jahre 1929 drehte. Ich hätte den Film damals gern gesehen. Als 6jähriger interessierte mich – wie heute – die künstlerische Darstellung lustbetonter Erwachsenenpaarung. Aber ich verpaßte das wichtige Frühwerk. Das war meine erste, leider frustrierende Erfahrung mit dem berühmten Lubitsch-Touch.

Erst im Herbst 1931 – ich war gerade acht geworden – hatte ich *das* Kinoerlebnis, das mir über die künstlerische Kraft des Films und seine Bedeutung als psychologische Lebenshilfe die Augen öffnete: Ich sah *Emil und die Detektive.*

In diesem Film trugen die jugendlichen Hauptdarsteller auch bei ungünstiger Witterung kurze Strümpfe. Ich selbst mußte lange graubraune Baumwollstrümpfe tragen, die oben nicht ganz in der kurzen Hose verschwanden, so daß eine unkleidsame, der Befestigung dienende Knopfschließe am unteren Ende eines Strumpfhalters sichtbar blieb. Dieser wiederum fand seinen Halt im Hüftbereich an einem nur mit fremder Hilfe auf dem Rücken knöpfbaren Leibchen. Ein damals verbreitetes Bekleidungsarrangement, unter dem ich seit Jahren litt.

Nun wurde ich überwältigt von der Erkenntnis, daß der Film einen Traum verwirklichen kann, dem sich das Leben verweigert: den Traum von kurzen Strümpfen. Und ich beschloß, mein Leben dem Film zu widmen.

Und schon 56 Jahre später war es soweit. Mein erster Spielfilm hatte Premiere.

Dennoch stimmt es mich nachdenklich, daß Lubitsch in 55 Jahren 65 Filme gedreht hat und ich in 65 Jahren nur einen. Wenn ich in diesem Rhythmus weiterarbeite, fällt meine Reifezeit als Filmemacher so ungefähr in die zweite Hälfte des 6. Jahrtausends unserer Zeitrechnung.

Allerdings war ich schon bei *Ödipussi* bemüht, durch unmäßigen Rohfilmverbrauch den Eindruck zu erwecken, als seien mindestens ein halbes Dutzend abendfüllender Spielfilme in Arbeit.

Von den 40 000 verdrehten Metern genügten dann 2800, um die Beziehung zwischen Paul Winkelmann und seiner Mutter nachhaltig zu stören.

An dieser Stelle möchte ich voller Dankbarkeit an die beispiellose Geduld und den zuversichtlichen Einsatz meiner Mitarbeiter und Schauspieler erinnern, ohne die ich aufgeschmissen gewesen wäre auf dem schweren Weg zu einer leichten Komödie.

Die Verleihung eines Preises erfüllt neben der Ehrung einen wichtigen Auftrag: den Preisträger anzuspornen, wenn nicht zu verpflichten, in Zukunft über sich hinauszuwachsen.

Und dazu gehört – darauf muß hier und heute einmal nachdrücklich hingewiesen werden – auch die tägliche Arbeit der Presse, die unbestechliche, ja unbequeme Kritik, die nichts verschweigt.

Natürlich hat eine Kritik, die nicht vor Begeisterung überschäumt, beim filmschaffenden Künstler Folgen, wie Appetitlosigkeit, Trunksucht, Schlafstörungen und Haarausfall sowie Apathie, Mordlust, Schluckauf und anderes.

Aber welcher Filmemacher ließe andrerseits nicht mit Freuden seine Gesundheit fahren für die Gelegenheit, mit dem Geld andrer Leute einen Film zu machen, der möglicherweise nur seine derzeitige Lebensgefährtin interessiert.

In einem Brief an den Filmkritiker Herman G. Weinberg vom 10. Juli 1947 schrieb Ernst Lubitsch – und damit fällt es mir leicht, zu schließen:

»Wenn Sie mit meinen Anmerkungen nicht einverstanden sind, werfen Sie sie in den Papierkorb...«

Prinzregententheater... Schon der Name des berühmten Münchner Hauses kennzeichnet seine herausragende Bedeutung. Kein Volkstheater für das Volk, kein Theater der Jugend, kein Nationaltheater für die Nation... nein: ein Prinzregententheater... ein Theater für Prinzregenten.

Leider stellte sich schon bei der Eröffnung im Jahre 1901 heraus, daß sämtliche seinerzeit vorhandenen Prinzregenten nicht ausreichten, um die 1200 Plätze des Hauses allabendlich zu füllen.

Die Tatsache, daß schon vor neunzig Jahren Fehlplanungen großen Stils an der Tagesordnung waren, hat etwas Beruhigendes.

Wir machen einen Sprung über sechzig Jahre:

Das Haus liegt brach. Mit dem Angebot, das ehrwürdige Gebäude einem nahegelegenen Delikatessengeschäft als Austernstüberl anzugliedern, mochten die Behörden sich vorerst nicht befreunden. Da gedachten sie des Prinzregenten... (das war inzwischen nicht mehr Luitpold, sondern August*). Man besann sich seiner leisen, unauffälligen

Art, seiner bekannten Vorliebe für soziale Einrichtungen im Bereich der Jugendarbeit…

Und so entstand ein Abenteuerspielplatz… eben das, was ein Musiktheater eigentlich ist.

Herzlichen Glückwunsch!

* Generalintendant August Everding

DER LANDRAT

Die Geschichte unseres Landkreises Bad Tölz-Wolfratshausen beschenkte uns mit zwei Juristen, deren Karrieren auch in Zukunft über die Grenzen des Kreises hinauswirken werden: Goethe und Dr. Otmar Huber. Der erstere frühstückte in Wolfratshausen am 7. September 1786 auf der Durchreise nach Italien im Haderbräu. Dr. Huber blieb länger. Darum gilt heute ihm – nicht Goethe – diese Feierstunde. Dennoch wollen wir den Werdegang der beiden Juristen und ihre Bedeutung für den Landkreis kurz vergleichen.

Sowohl Otmar Huber als auch Goethe waren nach dem Studium der Rechtswissenschaften in der Verwaltung tätig. Goethe widmete sich neben seiner Arbeit am Reichskammergericht vor allem der intimen Beziehung zur Braut eines Amtskollegen, schrieb darüber einen Roman und verdiente nicht schlecht.

Von Otmar Huber ist dergleichen nicht bekannt. Jedenfalls liegt bisher von ihm kein Roman zu diesem Thema vor. Er nahm seine behördliche Arbeit in Mittelfranken eben ernster als der leichtfertige Goethe sein Wirken in Wetzlar. Seither ist der Werdegang Dr. Otmar Hubers von jener Gradlinigkeit gekennzeichnet, die wir an Goethe so vermissen.

Gewiß, Goethe hat es in Weimar zum Beamten gebracht, aber wirklichen Schwierigkeiten ist er, anders als Otmar Huber, immer aus dem Wege gegangen. Goethe tut so, als ob es ein Müllproblem überhaupt nicht gebe. Auch auf die Kiesgrubenfrage suchen wir bei Goethe vergeblich nach einer Antwort.

Nur ein kommunalpolitisches Verdienst hat sich Goethe mit Sicherheit erworben: Das bekannte Kraftwort aus dem Drama *Götz v. Berlichingen* trägt auf Kreistagssitzungen immer wieder zu wohltuender Klärung der Standpunkte bei. Hierfür sei Goethe Dank. Aber er ist eben seit jenem Frühstück im Jahre 1786 bis heute nie wieder im Landkreis aufgetaucht und kam schon deshalb als hiesiger Landrat nicht in Betracht.

Zweifellos hat Goethe sich trotz guter Anlagen eine glanzvolle Karriere als Verwaltungsbeamter durch Flatterhaftigkeit und zeitraubende schriftstellerische Liebhabereien verpatzt.

Dr. Huber hatte seine Leidenschaften immer im Griff. Beide Hände fest an der Lenkstange, den Sturzhelm ein Loch enger geschnallt, den Blick in die Zukunft gerichtet, holt er allein durch den Einsatz der durchtrainierten christlich-sozialen Oberschenkelmuskulatur aus seiner Rennmaschine Geschwindigkeiten, die in der Natur sonst nicht zu beobachten sind.

Niemand, der sich im Landkreis unter freiem Himmel befindet, kann sicher sein, daß nicht plötzlich das Phantom des Landrats an ihm vorüberfliegt. Eine wichtige Attraktion für den Fremdenverkehr und willkommener Anlaß für die zukünftige Legendenbildung.

Nicht zuletzt verdanken wir unserem scheidenden Landrat eine flächendeckende Vernetzung des Landkreises mit Radfahrwegen, durch die das Fußgängerunwesen wirksam bekämpft werden konnte.

Rückblickend allerdings muß daran erinnert werden, daß in den vergangenen 29 Jahren so manches wichtige Projekt vom Tisch des Landrats offenbar unter die Fahrräder geriet. Wo blieb der Transrapid, die Hochgeschwindigkeitsstrecke Bad Tölz–Wolfratshausen in 4 Minuten und 10 Sekunden? Noch warten wir auf die Umgestaltung der Marktstraße in Bad Tölz zum Feuchtbiotop als neue Heimstatt für bedrohte Molche und die gefährdete Isarunke.

Auch frage ich mich als Münsinger Bürger,

warum im Zuge der Landkreisreform für den Sitz des Kreistages, wenn schon nicht Wolfratshausen, so doch wenigstens Münsing in die engere Wahl gezogen wurde? Wir haben zwar keine Tankstelle, aber eine politisch verläßliche Ampelanlage, die nachts auf Schwarz schaltet!

Nun, es sei vergeben und vergessen. Heute sind wir uns einig im Dank an einen Mann, der im Gegensatz zu so manchem Durchreisenden dem Landkreis treu geblieben ist. Leider wissen wir nicht so genau, ob er jemals in Wolfratshausen gefrühstückt hat.

BEDROHUNG
Bayerischer Fernsehpreis 2002

Herzlich danke ich für diesen ehrenvollen Preis und die Worte, die der Herr Ministerpräsident für meine Arbeit gefunden hat. Ich hätte noch stundenlang zuhören mögen.

Auch diese aufwendige Veranstaltung mit einem überwiegend festlich gekleideten Publikum ist außerordentlich eindrucksvoll... jedenfalls von hier aus. Bleibt nur der bange Wunsch: Hoffentlich versäumen wir jetzt nichts im Fernsehen...

Noch vor wenigen Jahrzehnten war diese Sorge unbekannt. Ich besinne mich auf das Jahr 1958.

Mit der leichtfertigen Konsumbereitschaft jener Jahre entschlossen wir uns zu einigen Anschaffungen.

Es handelte sich um einen Entsafter, ein aufblasbares Planschbecken, einen Elektrorasierer und ein sogenanntes Fernsehgerät.

Schon bald erwiesen sich diese Neuerwerbungen – mit Ausnahme des Elektrorasierers – als entbehrlich. Vor allem bekamen wir hinsichtlich des Fernsehapparates Schwierigkeiten mit guten Bekannten, intellektuellen Hörfunkfreunden, die nicht einsehen wollten, warum man die deprimierenden Berichte über das tägliche Zeitgeschehen nicht nur hören, sondern auch noch sehen müsse. Eine Frage, die bis heute noch nicht eindeutig beantwortet werden konnte.

Wir haben dann den Apparat in das Kasperletheater meiner Kinder eingebaut und den Vorhang nur aufgezogen, wenn wir unbeobachtet waren.

Das war vor 44 Jahren. Heute ist die historische Leistung des Fernsehens unbestritten.

Verwöhnte Familien unserer Tage unterliegen nicht mehr hilflos dem Schrecken selbständiger Freizeitgestaltung. In jahrelanger konsequenter Fernseharbeit ist es gelungen, das allabendliche Familienleben harmonisch auf einen gemeinsamen Blickpunkt auszurichten: den Bildschirm.

Leider droht nun von seiten des Fernsehens durch fahrlässigen Umgang mit den eigenen künstlerischen und technischen Mitteln eine Gefährdung des erfolgreichen Systems. Sie ahnen es, gemeint ist die Werbung.

Ein erstklassiger Werbeblock, aufwendig produziert und in perfektem Schnittempo vom Bildschirm angeboten, verfehlt seine Wirkung, wenn er alle paar Minuten vom Spielfilm unterbrochen wird. Andererseits kann sich ein zeitgemäßer Mensch nur noch schwer auf eine Sendung ohne Werbung konzentrieren, immerhin wird er anderthalb Stunden alleingelassen mit dem drängenden Problem »Welche Nudeln sind die besten?«

In diesem kritischen Grenzbereich des Mediums Fernsehen kann, so fürchte ich, eine Bedrohung der menschlichen Psyche nicht mehr ausgeschlossen werden.

Da ist es dann doch erfreulich – und damit möchte ich schließen –, daß alle heute preisgekrönten Fernsehproduktionen auf Grund von Laborversuchen mit fernsehgewohnten Meerschweinchen als unbedenklich eingestuft wurden. Dabei ist kein Tier zu Schaden gekommen.

Ich danke Ihnen.

A B Le D E F G
Kultur und Champagner

Es ist schon erstaunlich, wie viele bedeutende Menschen des gehobenen kulturellen Lebens sich einfinden, wenn sie sicher sein dürfen, eine warme Mahlzeit zu erhalten.

In meiner Schulzeit hatte mein Vater mir für jede fehlerfreie Arbeit in den Fächern Griechisch und Mathematik ein Glas Champagner in Aussicht gestellt. Ich bin infolgedessen völlig ohne Champagner aufgewachsen.

Die Tatsache, daß mir ein halbes Jahrhundert später von einem honorigen französischen Haus ein so schöner Preis verliehen wird, heilt eine alte Wunde, aber das darf mich nicht dazu verleiten, Lobendes über ein Produkt zu sagen, ohne es geprüft zu haben. Nun, das Produkt wurde von berufener Seite längst geprüft, und ich habe die Freude, Ihnen das Ergebnis mitzuteilen.

Im Rahmen einer umfangreichen Testreihe durch das Staatliche Institut für Nahrungsmittel-

und Gesundheitspflege wurden zunächst einige Exemplare der sogenannten gemeinen Wühlmaus nach einer oral verabfolgten Dosis Abelé-Champagners auf einen 300 jährigen englischen Golfrasen zwischen Thrumpton Castle und Northcothelston Hall angesetzt.

Die Tiere unterwühlten das Gelände in knapp elf Stunden und erreichten das 18. Loch somit sechseinhalb Minuten eher als eine Wühlmausgruppe mit der gleichen Dosis eines anderen französischen Spitzenchampagners, dessen Namen wir nicht nennen wollen.

Die für den Test verpflichteten Tiere nahmen dann mehrere Monate eine vertretbare tägliche Menge Abelé-Champagners zu sich und erwiesen sich binnen kurzem ihren Betreuern in körperlicher und geistiger Hinsicht deutlich überlegen.

Ähnliche Ergebnisse sind im gesamten Prüfungsbereich für Markenchampagner noch nie erreicht worden.

Interessant sind Versuche, die am Menschen unternommen wurden.

Ein Bundestagsabgeordneter der SPD bezeichnete nach einem Glas Abelé-Champagner die derzeitige Bundesregierung als ganz passabel. Schon nach zwei Gläsern schloß sich ein CSU-Mitglied dieser Meinung an. Hier liegen die noch weitgehend ungenutzten Möglichkeiten des Hauses Henri Abelé, auf das politische Leben in der Bundesrepublik einzuwirken, und natürlich eröffnen sich nicht zuletzt in den Bereichen Kunst und Kreativität neue Wege für eine ebenso unauffällige wie segensreiche Einflußnahme.

Ein Beispiel mag genügen:

Mein Freund, der Literatur- und Musikkritiker Joachim Kaiser – er ist heute abend wegen eines Fernsehauftrittes leider verhindert und bedauert besonders, am Essen nicht teilnehmen zu können, läßt aber herzlich grüßen –, Joachim Kaiser also erfrischte sich kürzlich vor einem Konzert im Münchner Kulturzentrum mit einem Gläschen eben jenes Champagners, den es heute zu feiern gilt. Bei einer anschließend leider zu Gehör gebrachten dreistündigen Sonate für 6 Blockflöten, Sopran, Horn und Klavier applaudierte Professor Kaiser dann schon während des ersten Satzes.

Eine neue, entspannte Beziehung zwischen Kunst und Kritik scheint auf Champagnerbasis in greifbare Nähe gerückt.

Im übrigen gelang es durch einen eindrucksvollen Versuch, Proteste aus ökologisch-alternativen Kreisen zu entkräften:

Nach dem gleichzeitigen Entkorken von 10 000 Flaschen Abelé, Le Sourire de Reims, in der Wüste von Nevada am 6. März 1988 hat sich das Ozonloch nachweislich nicht erweitert.

Meine Damen und Herren, das sind Dimensionen, die uns ehrfürchtig stimmen, die an das Große rühren.

Auf drei Fundamenten ruht unsere Welt der Wissenschaft und Kunst: auf den Ziffern von o bis 9, auf den Tonleitern und auf dem Alphabet. Aber eben dieses, das Wichtigste, muß nun neu geschrieben werden: A B Le D E F G!

Es blieb dem ehrwürdigen Hause Abelé vorbehalten, einen Preis zu stiften, der sich von allen anderen Kulturpreisen folgerichtig unterscheidet: Er soll und wird dem Gepriesenen zu Kopfe steigen.

Eine gewisse Unlust

Karikatur – Europäische Künstler der Gegenwart.

Da mir aus dem Saal eine gewisse Unlust entgegenschlägt, über Geschichte und Aufgabe der Karikatur eingehend belehrt zu werden, beschränke ich mich auf die Bitte, dieses Wort nach der ersten Silbe mit nur einem »R« zu schreiben.

Bleibt die Unterzeile »Europäische Künstler der Gegenwart«. Drei Begriffe von kolossalem Gewicht. Europa, Kunst und Gegenwart. Und das beste: Schon jeder für sich allein macht schlechte Laune. Nur der Karikaturist frohlockt!

Ein bedenklicher Vorgang. Menschen mit dieser Tätigkeit haben offensichtlich einen Schaden. Sie nähern sich lustvoll dem Verhängnis. Darin ähneln sie Motorradfahrern und Politikern. Der Vergleich hinkt nur insofern, als der Karikaturist im Gegensatz zu letzteren nirgendwo ein gutes Ende sieht und das Ganze auch noch komisch findet.

Die zuweilen zitierte Moral des satirischen Künstlers darf daher angezweifelt werden, zumal er für seine Tätigkeit auch noch Geld nimmt.

Wer trotz derartiger Bedenken die Arbeiten dieses Berufsstandes öffentlich ausstellt, macht sich einerseits mitschuldig, verdient aber andrerseits unseren Dank, den ich nun herzlich und im Namen aller Karikaturisten an den Direktor des Wilhelm-Busch-Museums, Herrn Dr. Guratzsch, und an seine Mitarbeiter richte.

Der Museumsbesucher sollte sich übrigens nicht darauf versteifen, in der mit Fleiß gehängten Ausstellung einen bestimmten Zeichner zu finden, da die 62 Künstler aus 22 Ländern mit ihren 308 Arbeiten ganz bewußt weder nach dem Alphabet noch nach Ländern geordnet sind. Karikaturen wollen ja eben jede Ordnung in Frage stellen. Das ist geglückt.

Die meisten Blätter sind, wie ich glaube, aus dem Prado, dem Louvre, dem Vatikan, den Uffizien, der Eremitage und anderen namhaften Häusern mit Polizeischutz nach Hannover gebracht worden, hängen nun hier unter Starkstrom, und es wird möglicherweise gebeten, Rucksäcke und Handtaschen an der Garderobe abzugeben. Das wirft eine interessante Frage auf: Sind Karikaturen Kunst?

Auf der Suche nach kompetenten Meinungen stieß ich auf das folgende Zitat: »Es gehört durchaus eine gewisse Verschrobenheit dazu, um sich gern mit Karikaturen und Zerrbildern abzugeben.« Zitatende... Es stammt von Goethe, einem Schriftsteller, den ich noch bis vor kurzem für bedeutend gehalten habe. Schade...

Vielleicht sollten wir die Frage anders stellen. Wodurch unterscheiden sich bildende Künstler von Karikaturisten? Die Antwort ist überraschend eindeutig: Maler schneiden sich gelegentlich ein Ohr ab. Karikaturisten nicht. Sie nehmen sich für diese Dinge keine Zeit, und das spricht gegen sie. Sie arbeiten zu überstürzt, um das Große in den Griff zu kriegen, das wirklich Große in Ausdruck, Form und Farbe, das Ewige und Einsame... oder das Neue, das nie Dagewesene.

Ein Karikaturist ist nicht einmal bereit, seine Verlobte in Marmor zu meißeln oder aus Eisenbahnschienen ein gefälliges Monument für das städtische Altenheim zu löten.

Ein so hohes Maß an Selbstanklage berechtigt nun zu einem kritischen Blick in die Welt der bildenden Kunst. Und da meldet sich sehr schnell der bange Zweifel, ob eines der wenigen Kennzeichen, durch das sich der Mensch vorteilhaft vom Tier abhebt, sein Sinn für Ironie nämlich, gepaart mit dem Blick für das Komische, ob dieses wohltuende Merkmal der sonst sehr zu Unrecht als »Homo sapiens« bezeichneten Gattung bei den malenden Künstlern bisher die gebührende Beachtung fand.

Nach eingehender Prüfung muß das Ergebnis bestürzen. Wie man es auch dreht und wendet: Leibl, Munch und Nolde sind nicht komisch. Kein Hauch von Ironie auch bei Tizian, Dürer, Tintoretto, ja selbst Raffael hat an der bescheidensten komischen Wirkung hoffnungslos vorbeigepinselt!

Und das sind keine Einzelfälle. Gewiß, Goya war auf dem richtigen Wege, und mit dem *Raub der Töchter des Leukippos,* diesem Gewurstel aus Rössern, Reitern und Matronen, wäre Rubens fast ein Werk der Hochkomik geglückt. Aber leider blieben beide im Ansatz stecken. Wo darf da noch von Kunst die Rede sein? Eine allseits traurige Bilanz. Man hätte nicht vergleichen dürfen.

Stellen wir die Frage neu: Was kann eine Karikatur bewirken? Und hierauf gibt der bekannte Hamburger Kunstmaler Philipp Otto Runge uns eine Antwort, die Hoffnung macht, die uns die Zweifel an der Arbeit nimmt, die der Karikatur ihren festen Platz in der Kunstgeschichte einräumt. Runge erzählt, er habe gelegentlich eines Aufenthaltes in Kopenhagen zwei Männer karikiert, die später, von der Polizei gesucht, anhand seiner Zeichnung ausfindig gemacht werden konnten. Wenn das keine Kunst ist!

Es gab Zeiten, in denen Karikaturisten durch ihre bizarren Zukunftsvisionen die Öffentlichkeit in wohltätiges Erschrecken oder ungläubiges Staunen versetzen konnten. Das ist vorbei. Unsere Welt hat nicht geruht und nicht gerastet, bis sie nun selbst als bittere Karikatur durch die Milchstraße kugelt. Das wäre also geschafft. Aber mal sehen, ob sich der Mensch noch sonstwo irgendwie nützlich machen kann. Was immer das auch sein mag: der Karikaturist ist bis zuletzt dabei!

Dieser beruhigende Ausblick kann nur noch gesteigert werden durch die Erinnerung an einen der Höhepunkte in der Geschichte der Karikatur.

Daumier wurde von seinen Zeitgenossen »Michelangelo der Karikatur« genannt und gegen Ende seines Lebens durch eine Ausstellung seines Werkes geehrt. Ein Augenzeuge dieses bedeutenden Ereignisses berichtet: »Vor den erdrückenden Schöpfungen irrten 30 demoralisierte und betrübte Besucher herum.«

Das Goldene Grammophon

Wenn man so beschenkt und gelobt wird, hemmt das den Anfang einer Rede ungemein. Ich verweise auf *Die Meistersinger* und Hans Sachs, III. Aufzug, 5. Szene, Deutsche Grammophon, Bestellnummer 27 40 149: »Euch macht Ihr's leicht, mir macht Ihr's schwer.«

Meine Lage wird auch nicht rosiger, wenn ich nun gleich eingangs mein Verhältnis zur Literaturproduktion der Deutschen Grammophon durch ein Geständnis stark belaste:

Obwohl mir auf Anhieb kein Instrument einfällt, das sich freiwillig von mir spielen ließe, ist es eben doch die Musik, die mir von allen Künsten am nächsten steht. Die Verantwortung hierfür tragen ein Möbelstück in Eiche fourniert und meine Großmutter am Klavier.

Quer durch die *Zauberflöte* über *Carmen* bis zur *Bohème* reichte das Repertoire der alten Dame, das ich, der Sechs- bis Zehnjährige, nahezu unermüdlich zu hören wünschte.

Bei dem Möbelstück in Eiche fourniert, Baujahr

1929, handelte es sich um ein Grammophon im Hause meiner Eltern, ein deutsches Grammophon auf vier kurzen Beinen, etwa einen Meter hoch, mit Handkurbel und versenktem Schalltrichter. Letzteren konnte man durch eine Klapptür verschließen, um einen übermäßigen Austritt von Musik zu verhindern. Der untere Teil barg den Plattenvorrat, eine feine, wenn auch kleine Auswahl von meinem Vater bevorzugter männlicher Opernarien. Seit Anfang der dreißiger Jahre gehörten daher Caruso, Schaljapin und Gigli zu meinem täglichen Umgang. Die Folge war, daß mir »Che gelida manina« vertrauter wurde als jenes seinerzeit sehr populäre Gesangsstück für gemischten Chor und erhobene rechte Hand.

Ich bin unserem Grammophon sehr dankbar. Es verdrängte zwar die Unschuld häuslichen Musizierens aus unserer Familie, bot mir aber nun doch die Möglichkeit, instrumental am Musikleben teilzunehmen. Die Bajazzo-Arie beispielsweise entfaltete ihre volle dramatische Wucht erst, nachdem ich eine Nadel mit der Bezeichnung »Laut« in die Schalldose eingeschraubt und die Kurbel bedient hatte. Sinnvolle Tätigkeiten also, die Übung und eine ebenso kräftige wie sensible Hand erforderten, vergleichbar mit dem Spielen eines Musikinstrumentes.

Die technische Entwicklung der musikalischen Tonträger seit meinen Kindertagen gibt zu ernster Besorgnis Anlaß. Die Abspielgeräte von heute erlauben dem Menschen keine wirkliche künstlerische Mitarbeit. Lediglich ein paar armselige Knöpfe dürfen gedrückt oder gedreht werden. Eine unwürdige Art, an der *Matthäuspassion* mitzuwirken. In vielen Fällen verbietet eine Fernbedienung sogar den letzten handgreiflichen Kontakt mit dem Klangkörper. Kurz, man wird fast völlig auf das Hören zurückgeworfen. Ein beschämender Vorgang.

Was ist denn schon zu hören aus diesen unübersichtlichen Gerätschaften, die unsere Sitzgruppenlandschaft verschandeln? Die Wirklichkeit! ... Die unveränderte, nackte Wirklichkeit des zeitgenössischen Musiklebens in Stereo! Da denkt man in Wehmut an das Grammophon und eine Zeit, in der die Technik der Kunst noch diente!

Wer das kraftvolle Nadelrauschen aus der Rille einer Schellackplatte je gehört hat, kann es nicht vergessen. Aus diesem erregenden, bis dahin unbekannten Grundgeräusch lösten sich die Stimmen des Orchesters und der größten Sänger ihrer Zeit. Nicht in platter Naturnähe, sondern behutsam verfremdet, ihrer vulgären Körperlichkeit entkleidet. Gewissermaßen kunstvoll angequetscht, wobei feinste Partikel aus der Umluft des Tonträgers für ein unvergleichliches Knistern sorgten.

Und in welch musikalischer Vielfalt reagierte das Klanggefüge auf nachlassende Kurbelspannung! Durch alle Tempi und Tonarten abwärtsgleitend, zart ausklingend im tiefsten Baßbereich, wie kein Orchester der Welt es zu intonieren vermöchte, erhob es sich wieder mit der ersten Kurbeldrehung, um sich hinaufzuschwingen in jene Stimmung, von der aus es den Abstieg angetreten.

Das alles haben wir verloren. Kein mir bekannter Hund sitzt heute noch vor einer Hi-Fi-Box, um der Stimme seines Herrn nachzulauschen.

Wenn ich nun ein »Goldenes Grammophon« besitzen darf, bin ich mir der großen Ehre bewußt und werde nicht aufhören, ein Instrument zu bewundern, das im Handumdrehen die Welt verändert hat. Herzlich danke ich der Deutschen Grammophon Gesellschaft.

FÜR HORST
Zum 70. Geburtstag des Filmproduzenten
Horst Wendlandt

Unser Geburtstagskind hat sich immer gern über Konventionen hinweggesetzt. So erschien es, heute unvorstellbar, vor 70 Jahren völlig nackt und nahezu haarlos in der bis dahin unbescholtenen dörflichen Gemeinde Criewen, 8 Kilometer südwestlich von Schwedt an der Oder. Die anwesenden Haustiere, eine Kuh und vier Hühner, sollen erschreckt das Weite gesucht haben. Der Säugling erhielt den Namen Horst Gubanow nach seinem Vater Gregor Gubanow, einem Zugereisten aus dem russischen Smolensk.

Bis heute lag die Vorgeschichte zu diesem Ereignis in mystischem Dunkel. Nun ist es mir gelungen, den Schleier zu lüften. Allerdings war ich im Verlauf meiner Recherchen genötigt – teils mit der Bahn, teils im Auto, aber auch zu Fuß –, bis in die russisch-asiatische Steppe vorzustoßen.

Hier, am Rande Europas, zwischen Nowotscherkask und Uralsk bis hinauf nach Ulianowsk und vereinzelt auch in den hinter dem Ural gelegenen Ansiedlungen um Tscheljabinsk, Swerdlowsk und Tobolsk fiel die ältere Einwohnerschaft bei Nennung des Namens Gubanow auf die Knie und küßte in einer Mischung aus Verehrung und Entsetzen den Saum meines ausgefransten Burberry.

Jahrhundertelang hatte dort der Boden gedröhnt, wenn die Gubanows, eine Großfürstenfamilie mit zahllosen Vettern und Cousinen, auf kleinen wilden Pferden über die gefrorene Steppe rasten, um dem verhaßten Geschlecht der Romanows die Zarenkrone vom Kopf zu reißen.

Das mißlang, wie wir wissen. Ein Zar Horst I., Kaiser aller Reußen, ist bisher ein Wunschtraum geblieben. Sonst würden wir ja heute im Kreml feiern und nicht im Café Keese.

Horsts Vater, der letzte Gubanow, hatte mit dem für Steppenbewohner typischen Weitblick erkannt, daß sich der kolossale Betätigungsdrang seines Sohnes auf dem Gebiet der Filmwirtschaft nicht in der Enge Rußlands werde entfalten können, und war in die Uckermark ausgewandert.

Es muß von einem Ereignis gesprochen werden, das wie kaum ein anderes den Gewinn verdeutlicht, der durch frisches Blut aus dem Osten auf uns zukommt.

Allerdings war im Geschäftsleben der Uckermark seinerzeit ein russischer Name eher hinderlich. Vater Gregor und Mutter Auguste Gubanow vereinbarten daher mit Onkel Fritz Wendlandt, den kleinen Horst zu adoptieren, um so, mit Hilfe eines deutschen Namens, die Überführung der deutschen Filmwirtschaft in russische Hände unauffällig einzuleiten.

Schon bald rechtfertigte der zweijährige Knabe die in ihn gesetzten Hoffnungen überraschend eindeutig. War doch der einzige Partner, der ihn für längere Zeit zu fesseln vermochte, eine Zelluloidente.

Eines Tages geriet dieses Tier unter das linke Hinterrad eines Omnibusses, der zweimal täglich Criewen mit Schwedt verbindet, wodurch das Zelluloid eine überraschend platte, längliche Form annahm. In jenem Augenblick ahnte der kleine Horst, daß dieses Material mit seinem Leben untrennbar verbunden bleiben werde.

Dem heranwachsenden Jüngling war klar, daß ein zukünftiger Filmproduzent fundierte Kenntnisse vor allem im Lesen und Rechnen benötigt. Er entschloß sich daher, zur Schule zu gehen und sich diese Dinge anzueignen.

Seither sind mehr als sechzig Jahre ins Land gegangen, und immer noch beherrscht Horst Wendlandt beide Fertigkeiten meisterhaft. Es ist mir beispielsweise kaum möglich, ein Drehbuch so schnell zu schreiben, wie er es lesen kann.

Die entscheidende Ausbildung aber verdankt er einem westlichen Nachbarstaat. Im Jahre 1945 machte sich die französische Besatzungsmacht Gedanken über das berufliche Fortkommen des Kriegsgefangenen Horst Wendlandt und verfügte seinen Arbeitseinsatz in einem Kohlebergwerk. Das war der Durchbruch. Noch heute macht unser Geburtstagskind mehr Kohle, als die Franzosen für möglich hielten.

Im Frühsommer 1947 wilderte der junge Filmkaufmann im Gehölz des Oberförsters Winter. Als beim ersten Büchsenlicht Ilsegard, die blonde Tochter des Forstbeamten, ahnungslos auf die Lichtung trat, feuerte Horst aus allen Rohren.

Der Vorfall wurde lange im Forsthaus diskutiert. Schließlich durfte der Wilderer die Beute behalten und nahm sie zu sich. Das war unser aller Glück. Nicht auszudenken, was ohne Ille aus unserem Horst geworden wäre.

Nicht nur, daß sie ihm zwei blühende Kinder schenkte, sie nahm auch alle Pflichten auf sich, die bis zum heutigen Tage unsere Ehefrauen zu Heldinnen machen. Sie lehren den Gatten, gelegentlich das Hemd zu wechseln, vor dem Betreten des Bettes die Schuhe auszuziehen und anderes mehr. Auch ich gehe seit Jahren durch diese harte Schule.

Es ist nun an der Zeit, die eigentlichen, die wirklichen Qualitäten meines Freundes zu beleuchten, die so leicht verborgen bleiben hinter einem Wald von goldenen Leinwänden.

Da wären in erster Linie Hummerschwänze zu nennen, von Horst mit eigener Hand und einer halben Flasche Armagnac flambiert.

Diese kulinarische Spitzenkreation ist auch verkehrspolitisch nicht uninteressant: Noch 24 Stunden nach dem Essen ist das Lenken eines Kraftfahrzeuges auszuschließen. Deutschlands Meisterköche fielen in tiefe Depression, als es ihnen nicht gelang, etwas Ähnliches zu komponieren.

Mehr noch als der Koch setzte der Segler Wendlandt internationale Maßstäbe. Immer wenn sich herumspricht, daß er mit seiner Yacht »Aspasia Alpha« auf dem Mittelmeere kreuzt, suchen die Einheiten der 6. US-Flotte in panischer Eile den nächsten schützenden Hafen auf.

Hat dann die »Aspasia Alpha« angelegt, und ihr Eigner spürt wieder festen Boden unter den Füßen, greift er zum Tennisschläger. Leider sind ihm bisher die derzeitigen Größen des weißen Sports unter den fadenscheinigsten Vorwänden aus dem Wege gegangen. Er gilt besonders nach einem Intensivtraining im bayrischen Bad Kohlgrub als Favoritenkiller. Als Horst eine Begegnung mit Björn Borg nach 28 Minuten mit 6:1, 6:0, 6:1 für sich entschied, war niemand überrascht.

In der kühlen Jahreszeit tauscht er die Tennisschläger gegen Auktionskataloge. Seine Sammlung deutscher Expressionisten hat zwischen Kohlhasenbrück und Krumme Lanke nicht ihresgleichen.

Dort im Haus am Wannsee, bevor Ille die Gäste durch ihre exquisite Küche verwöhnt, erweist sich der Gastgeber als glänzender Unterhalter. Man braucht nur ein kleines, stets bereitliegendes Bällchen den Steilhang zum See hinunterzuwerfen, schon saust unser Horst jauchzend in die Tiefe, fängt es im Lauf weit unten zwischen den Zähnen, bringt es im Galopp wieder herauf und legt es den nächsten Gästen erwartungsvoll vor die Füße. So geht es unermüdlich hinunter und herauf, bis Ille zum Essen ruft.

Das ist der Geist, der einen erfolgreichen Filmproduzenten beseelt! Aber es kann auch sein, daß ich da was durcheinandergebracht habe, und es war doch Ossi, der Jack-Russel-Terrier. Auch nicht schlecht!

Nun habe ich so ein dummes Gefühl, als hätte ich

am Thema vorbeigeredet. Längst sollten die Namen gefallen sein, die seit Jahrzehnten mit seinem Leben verbunden sind: von Karl May über Edgar Wallace zu Louis de Funès, von Chaplin zu Fassbinder und Ingmar Bergman, Heinz Erhardt nicht zu vergessen und Otto und… und äh… dings… äh…

Aber das alles ist zu seinem Ruhm ja auch der Tagespresse zu entnehmen. Für mich, lieber Horst, hat heute, an deinem 70. Geburtstag, etwas anderes Bedeutung, etwas, das zu sagen mir am Herzen liegt:

Niemals – jedenfalls solange ich dich kenne, und das sind so um die 15 Jahre – niemals waren dir 30 000 Meter mehr oder minder begabt belichteten Negativmaterials wichtiger als die Lust zu leben und andere, die deiner Hilfe bedurften, daran teilnehmen zu lassen. Das ist es, was ich immer an dir bewundern werde!

Das Kleinod

Man muß sich einmal vor Augen halten, wie hilflos der Mensch noch bis vor kurzem vor einem Problem kapitulierte, das ihm teils das Gesetz, teils bürgerliches Brauchtum aufgebürdet hat: die tägliche abendliche Freizeit.

Diese nach getaner Arbeit einsetzende häusliche Haftstrafe erlaubt wahlweise zwei Blickrichtungen: auf das eingeschaltete Fernsehgerät oder den Lebensgefährten. Da beim Anblick des letzteren auf die Dauer eine gewisse Eintönigkeit nicht zu leugnen ist, blieb nur das Fernsehprogramm, dessen zunehmender Qualitätsabfall die ratlosen Menschen scharenweise aus ihrer häuslichen Geborgenheit in die Kinos trieb.

Dieser bedenkliche Zustand wurde vorübergehend durch eine sensationelle Erfindung abgefangen: Mit Hilfe eines sogenannten Videorecorders und einer dazugehörigen Kassette war es möglich, die im Fernsehen durch die Machenschaften sadistischer Programmgestalter erst zu mitternächtlicher Stunde laufenden, hochqualifizierten Spielfilme zu menschlicher Uhrzeit vorzuprogrammieren, also automatisch aufzunehmen und nach Belieben abzuspielen.

Doch die Freude war kurz: denn zur Bedienung des Gerätes bedurfte es – neben einem abgeschlossenen technischen Hochschulstudium – der Augen eines Falken zwecks Wahrnehmung winziger Ziffern und Schriftzeichen, ferner rascheste Enträtselung sekundenlanger schwacher Lichtsignale und sensibelste Fingerkuppen zum Aufspüren unsichtbarer Drucktasten.

Gewiß hat diese Eigenschaften jedes zehnjährige Kind. Aber wer besitzt schon ein zehnjähriges Kind?

Aus dieser verzweifelten Situation befreite uns jenes Kleinod, das es heute zu feiern gilt: die bereits fertige, besonders wertvoll bespielte Videokassette zur mühelosen Gestaltung eines kultivierten Fernsehabends und damit zur Auffüllung eines Vakuums, das wir schaudernd als Freizeit bezeichnen. Offenbar war es mir vergönnt, hier hilfreich Hand anzulegen.

Ich danke allen, die mir dabei geholfen haben, aber aus Bescheidenheit hier nicht genannt sein möchten. Zum Beispiel die Warner Home Video.

PAUL FLORA
Zum 70. Geburtstag

Wenn ein Faun und eine Elfe den Bund fürs Leben schließen, bekommen sie ein ungewöhnliches Kind. Eine andere Erklärung für die Existenz unseres lieben Paul Flora ist denkbar, aber nicht wahrscheinlich.

Zu seinem bevorstehenden Geburtstag verbeuge ich mich vor einem Zeichner, den ich nun schon seit vier Jahrzehnten bewundere. In diesem Zeitraum ist mir beispielsweise nicht eine einzige Schraffur geglückt, die sich in annähernder Qualität neben den meisterlichen Strichlagen Paul Floras hätte sehen lassen können. Und wenn es nur das gewesen wäre. Aber es wollten mir auch keine venezianischen Paläste aus der Feder, keine Päpste, keine Gespenster, keine nächtlichen Lokomotiven, nicht einmal der kleinste Rabe im Nebel. Ein beschämender Vorgang.

Irgendwo haben wir mal in einer Buchhandlung gemeinsam unsere Bücher signiert. Während ich in stereotyper Akkordarbeit ein Nasenportrait nach dem anderen unter die aufgeschlagenen Titel setzte und auf Bitte des Buchhändlers auch noch weitere 200 Bände eilig mit dem gleichen Motiv versah, fertigte Paul Flora in jeden vorgelegten Band beschaulich eine Zeichnung nach Wunsch!

Ich neige nicht zu Depressionen, aber solche Erfahrungen können einen doch in der charakterlichen Entwicklung um Jahre zurückwerfen. Ich tröstete mich im stillen mit der Tatsache, auf meine Weise immerhin fast die ganze Auflage signiert zu haben. Und was sagte da Paul Flora? Er sagte: »Ein von Loriot *nicht* signiertes Buch ist eine bibliophile Kostbarkeit!« Seitdem zögere ich jedesmal, bevor ich auf dringliche Bitte ein Buch entwerte… und denke dabei an Paul Flora. Im Namen unserer Zunft wünsche ich ihm alles Glück, das von unserer debilen Welt noch zu erwarten ist.

Das Jahrtausendereignis

In diesem Jahr feiert die Stadt Potsdam ihren 1000. Geburtstag. Sie ist also etwas älter als ich. Eigentlich ein tröstlicher Gedanke, wäre da nicht ein Punkt, an dem ein weiterer Vergleich nicht zu meinen Gunsten ausfiele: In Potsdam findet man hier und da noch eine Stelle, die so aussieht wie früher ... an mir nicht. Wahrscheinlich wird Potsdam sogar von Jahr zu Jahr schöner ... Naja, wir wollen diesen Gedanken nicht weiter verfolgen.

Der Herr Minister Enderlein, der Herr Oberbürgermeister Dr. Gramlich und Frau Dr. Bierschenk haben jedenfalls für meine Tätigkeit und die bedrohliche Rundung meiner Lebensjahre Worte gewählt, die ich als Wohltat empfinde, und ich werde mich hüten, etwa durch bescheidenes Abwiegeln, ihre Wirkung zu schmälern. Im Gegenteil: Ich hätte ihnen noch lange zuhören können und bedanke mich herzlich.

Ursprünglich hatte ich diese Ansprache auf gute drei Stunden konzipiert, aber da stehende Zuhörer ziemlich rasch an Haltung verlieren, will ich mich auf das Notwendigste beschränken. Sollte Ihnen auch das zuviel werden, bitte ich Sie, sich zusammenzureißen.

Mein Ur-Ur-Ur-Urgroßvater war General der Infanterie und Berater des Preußenkönigs Friedrich. Mit der bekannten Weitsicht Friedrizianischer Feldherren sah er zeitlebens einen Ur-Ur-Ur-Urgroßenkel voraus, der anläßlich des Jahrtausendjubiläums der Stadt Potsdam dienlich sein könne.

Bei passender Gelegenheit schnitt er in Sanssouci an der für geistreiche Gespräche berühmten königlichen Tafelrunde dieses Thema an und schloß mit der Bemerkung, er halte eine Ausstellung der beruflichen Bemühungen seines Ur-Ur-Ur-Urgroßenkels im Jubeljahr 1993 für zweckmäßig und die Erstellung eines Museums daher für angebracht.

Den Umstand, daß der betreffende Nachfahre, im Gegensatz zu Friedrichs Windhunden, die so ganz anders gearteten Möpse bevorzugen werde, erwähnte der General klugerweise nicht. Ein überzeugendes Beispiel für die taktische Brillanz des Generals. Der König war begeistert.

Wenig später – im Jahre 1769 – stand das Gebäude, in dem wir uns hier befinden, und Friedrich wird seitdem »der Große« genannt.

224 Jahre träumte dann dieses Haus seiner

eigentlichen Bestimmung entgegen. Nun ist es endlich soweit, und ich danke allen Helfern, die seit Wochen und Monaten unverdrossen gearbeitet haben, um dieser Ausstellung eine Bedeutung zu geben, die mit dem Wort »Jahrtausendereignis« zutreffend zu kennzeichnen wäre.

Ich bin in Brandenburg geboren und in Berlin aufgewachsen. Auf halbem Wege liegt Potsdam, wo meine Großeltern lebten und meine Mutter ihre Jugend verbrachte. Ich war hier immer nur zu Besuch, aber eben darum hat Potsdam für mich auch bis heute den Zauber des nicht Alltäglichen, den Märchenglanz des Außergewöhnlichen behalten.

Und wenn mir an meinem sonst ganz unnützen 70. Geburtstag überraschend ein paar Wünsche in Erfüllung gingen, dann flösse das Havelwasser wieder in den Potsdamer Kanälen, und wir erlebten den historischen Wiederaufbau dieser unvergleichlichen Stadt.

MÜNSING

Sehr geehrter Herr Bürgermeister,
sehr geehrte Damen und Herren des Gemeinde-
rates,
liebe Mitbürger und Mitbürgerinnen,

wenn ich jetzt nur von einer großen Freude sprechen würde, wären damit meine Empfindungen
nur sehr unvollkommen ausgedrückt. Ich muß es
deutlicher sagen: Ich bin tief bewegt und danke
Ihnen von ganzem Herzen für diese große Ehre.
Immer werde ich bemüht bleiben, mich als Ehrenbürger der Gemeinde Münsing dieser seltenen
Auszeichnung würdig zu erweisen.
Vor fast genau 30 Jahren zog ich mit meiner
Familie, meiner Frau, zwei Töchtern, einem Neu-
fundländer und einem Goldhamster, nach Ammerland. Wie international aufgeschlossen unsere Gemeinde schon damals war, beweist die Tatsache,
daß beim Kauf des bayrischen Grundstückes ein
Brandenburger mit der polnischen Eigentümerin
und ihrem ungarischen Berater zu verhandeln

hatte. Da das zu dritt weder ungarisch noch polnisch oder bayrisch möglich war, verständigten wir uns in gebrochenem Schriftdeutsch. Für ein vereinigtes Europa wäre das auf die Dauer noch keine Lösung, aber es beweist immerhin die Weltoffenheit unserer Gemeinde.

Und das muß mit ihrer geographischen Lage zusammenhängen. Wenn man die europäischen Großstädte Kopenhagen und Florenz, Warschau und Barcelona, London und Belgrad, Hamburg und Rom, Bremen und Neapel jeweils mit einer graden Linie verbindet, treffen sich diese alle an einem Punkt im Herzen Europas: in Münsing. Das kann kein Zufall sein! Der Gemeinderat sollte sich jedenfalls schon mal Gedanken darüber machen, welche Investitionen nötig sein werden, wenn Münsing als zentral gelegenes europäisches Verwaltungszentrum in die engere Wahl gezogen werden sollte. Auch auf die Durchführung der Olympischen Sommerspiele Anfang des nächsten Jahrtausends sollten wir vorbereitet sein.

Aber ich bin vom Thema abgekommen. Vor 30 Jahren also pflanzten wir kleine Bäume und sahen sie mit unseren Kindern wachsen. Heute sind sie alle in den besten Jahren, die Bäume und die Kinder. Von uns, den Eltern, kann man das leider nicht mehr so ohne weiteres behaupten.

30 Jahre sitze ich jetzt am Schreibtisch in Ammerland. Kommen Sie nun nicht auf den Gedanken, meine Frau zu beneiden. Ein Ehemann, der ständig vor einem leeren Blatt Papier um Einfälle ringt, ist keine reine Freude! Aber ich preise die Geduld meiner Frau und die unvergleichliche Atmosphäre meiner bayerischen zweiten Heimat zwischen Münsing, Ammerland, Ambach, Degerndorf, Holzhausen und Sankt Heinrich. Daran hat sich in all den Jahren glücklicherweise nichts geändert. Mit Ausnahme einer Ampelkreuzung, die immer auf Rot schaltet, egal von welcher Seite ich mich nähere. Das gibt dann Gelegenheit, über die zweckmässige Nutzungsreihenfolge der Kreuzungsanlieger Gasthaus, Arzt und Friedhof nachzugrübeln.

Mein Leben hat in Brandenburg an der Havel begonnen und wird hier sein Ende finden. Ich verstehe den Anlaß unseres heutigen Zusammenseins darum auch als eine der freundschaftlichen Brükken über so manche Mißverständnisse zwischen den Menschen im Osten und Westen.

Bei alledem ist mir schmerzlich bewußt, daß die Vorfahren eines richtigen, echten Mitbürgers unserer Gemeinde mindestens seit 200 Jahren hier ansässig zu sein haben und nicht aus so entfernten Ortschaften wie Wolfratshausen oder Brandenburg zuwandern. Also warte ich geduldig auf eine kleine Feier in 170 Jahren, auch wenn ich dann nicht mehr ganz so fit sein sollte!

Brandenburg

Sehr verehrter Herr Ministerpräsident,
sehr geehrter Herr Oberbürgermeister,
sehr geehrte Damen und Herren der Stadtverord-
netenversammlung,
liebe Brandenburger Freunde,

von Herzen danke ich für die Verleihung der Eh-
renbürgerwürde der Stadt Brandenburg und für die
mir vom Vorsteher der Stadtverordnetenversamm-
lung zugedachten Worte.

Es ist nicht einfach, einer so hohen Ehrung und
den Worten des Lobes standzuhalten, ohne hin und
wieder in den Boden versinken zu wollen, voller
Zweifel, ob man der seltenen Auszeichnung denn
auch würdig sei.

Grade noch rechtzeitig habe ich diesen Gedan-
kengang verdrängt in der Befürchtung, die Stadt-
verordneten könnten es sich womöglich doch
noch anders überlegen.

Auch diente mir zur Zerstreuung meiner Zweifel
eine Erinnerung: War ich doch in den ersten acht

Tagen meines Lebens ein ungewöhnlich kostbarer Brandenburger Säugling. Meine Eltern neigten sonst durchaus nicht zur Verschwendung ihres schmalen Einkommens. Angesichts ihres Erstgeborenen jedoch müssen sie alle finanziellen Bedenken in den Wind geschlagen haben.

So legten sie im November 1923 für meine Strampelhose 480 Milliarden Mark in bar auf den Tisch, eine Summe, die heute etwa dem Jahreshaushalt der Bundesrepublik entspricht. Das muß schon eine überwältigende Strampelhose gewesen sein, sinnvoll, einmalig und formschön, also dem Etat der Bundesrepublik in gewisser Weise deutlich überlegen.

Im übrigen dürfen wir stolz auf unseren wirtschaftlichen Fortschritt sein: Heute könnte die Bundesrepublik Deutschland mit ihrem jährlichen Budget für Verwaltung, Verteidigung, Soziales und Verkehr, einschließlich der Neuverschuldung, nicht nur eine, sondern – die Zustimmung des Bundestages vorausgesetzt – zwanzig Milliarden Strampelhosen erwerben. Daß sie noch zögert, zeugt für die ökonomische Besonnenheit der verantwortlichen Ministerien.

In den Jahren zwischen 1923 und 1927 war ich von wirtschaftlichen Überlegungen dieser Art noch wenig beeindruckt. Abgestützt an einer ziegelroten Kasernenmauer, übte ich den aufrechten Gang.

Es vergingen sechzig Jahre, bis der nicht verlorene Sohn in seine Geburtsstadt heimkehrte.

Am 18. Mai 1985 zeigte sich eine der sprödesten Abgrenzungen der Welt als überwindlich. Es handelte sich eigentlich nur um die Eröffnung einer Ausstellung – meine Zeichnungen hingen im Dommuseum. Aber unversehens wehte für Stunden ein erstaunlicher, von gegenseitigem Respekt erfüllter, so ganz anders gearteter Hauch von Einigkeit. Und so saßen sie dann alle zusammen unter einem Dach, die doch sonst so unverträglichen Gläubigen zweier verschiedener Systeme. Und weil es unter dem Dach des Doms von Brandenburg geschah, hatten wir dafür gemeinsam dem lieben Gott zu danken und seinen Vorgesetzten in Ost-Berlin.

Wir erlebten eine Begegnung, bei der niemand auf den Gedanken kam, sein Gegenüber durch einen belehrend erhobenen politischen Zeigefinger zu verärgern. Im Gegenteil, es war in einer bizarren Zeit der Beginn eines freundschaftlichen Verständnisses, das uns bis heute sogar über die Nachwendezeit getragen hat. Das ist das eigentliche Wunder.

Denn die Zeit für Wunder, Tricks und Zauberei

ist jetzt vorüber, ob man es zugibt oder nicht. Die Mauer hatte allerseits die Phantasie beflügelt. Nun, seit ihrem Fall, drohen die blühenden Emotionen blaß zu werden, die geöffneten Arme der ersten Stunde greifen nach Profit.

Darum möchte ich diese Feier nicht nur als Ehrung verstehen. Wir sollten die Gelegenheit wahrnehmen, uns daran zu erinnern, daß es im Zusammenleben der Menschen außer den gängigen Forderungen nach Nützlichkeit, Gewinn, Erfolg und Vorteil auch noch den altmodischen Begriff der »Liebe« gibt.

Vielleicht fällt es dann leichter, zu begreifen, wie eng wir aus Ost und West zusammengehören.

In Brandenburg bin ich geboren, in Bayern habe ich mit meiner Familie eine zweite Heimat gefunden. Zum Beweis, wie leicht begehbar dieser Bogen ist, und zu meiner großen Freude hat sich Bürgermeister Pölt von unserer Gemeinde Münsing am Starnberger See auf den Weg nach Brandenburg gemacht. Ich begrüße ihn herzlich.

Und nun freue ich mich auf die Folgen der doppelten Würde: Jetzt darf ich endlich bei Rot über die Kreuzung fahren, Einbahnstraßen in jeder Richtung benutzen, ganztägig im Halteverbot parken, Müll abladen auf öffentlichen Grünflächen, nach Herzenslust das Notsignal in Bussen und

Straßenbahnen bedienen, im Volksbad baden, auch wenn das Wasser abgelassen ist, und was der Dinge mehr sind, die das Leben eines Ehrenbürgers sinnvoll machen.

DR. PHIL. H. C.

Hochverehrte Magnifizenz,
sehr verehrte Spektabilitäten,
meine verehrten Damen und Herren,

die Bergische Universität Wuppertal hat mich
hoch geehrt.

Erfüllt von Dankbarkeit und Rührung, im be-
sonderen nach den Worten, die Herr Professor
Rölleke für mich fand, und in Kenntnis der erstaunlich präzisen Dissertation von Herrn Dr.
Neumann über einen Gegenstand, als der ich mich
hier unfreiwillig im Mittelpunkt befinde, aber
auch entzückt von der meisterlichen musikalischen Umrahmung, nähre ich die bange Hoffnung, es möge sich nicht um einen Irrtum handeln.

Vorsichtshalber lasse ich einen kurzen, intimen
Abriß meines Bildungsweges folgen, um dem
Hohen Hause eine letzte Gelegenheit zu geben,
seinen Entschluß zu überdenken.

Ein Irrtum liegt insofern nahe, als meine Vorfahren seit Hunderten von Jahren Wohlbefinden

und Berufung weniger im Lichte der Wissenschaften suchten als auf dem rauhen Boden ostelbischer Guts- und Kasernenhöfe.

Leider kann ich für mich da keine Ausnahme in Anspruch nehmen. Als ersten verbürgten Eindruck meines Lebens empfing ich den Blick auf eine rötliche Kasernenwand, deren wilhelminisch dekorativ geziegelte Oberfläche zunächst dem Auge, später auch dem Griff des schwankenden Kleinkindes Zuversicht und Stütze bot. Das geschah in der Stadt Brandenburg. Seither verschwimmen in meiner Erinnerung altväterliche Kasernenbauten und die mütterliche Brust zu einem harmonischen Ganzen.

Hinzu kommt, daß der Kinderwagen, in dem ich meine ersten Monate an frischer Luft verlebte, sich nicht nur in günstiger Sichtweite vor der erwähnten Fassade befand. Er stand auch in Hörweite zum Mittelpunkt der militärischen Ausbildung, dem Kasernenhof.

Was ich unschuldigen Ohres von dort vernahm, war meine erste Begegnung mit dem Wunder der Sprache. Nur wenige, offensichtlich aus einer einzigen menschlichen Kehle befreite, lautstarke Vokale mit knappester Konsonantenbildung genügten, um viele Menschen in gleichförmige, rhythmische Bewegung zu versetzen.

Das ist jetzt immerhin über 75 Jahre her, aber ich empfinde es immer noch als beschämend, daß ich damals keinen kritischen Gedanken entwickelte, auf den ich heute stolz sein könnte: über den Mißbrauch der Sprache etwa oder anderes Naheliegendes.

Aber ich war eben als Säugling des Jahrgangs 1923 ein Produkt der Inflation mit vordergründigem Interesse für Geld und Besitz.

Wie soll auch ein Säugling geistige Maßstäbe entwickeln, nach denen es sich zu leben lohnt, wenn seine Strampelhosen Milliarden gekostet haben! Eine zur Gewohnheit werdende Überschätzung materieller Werte drohte mein Leben zu ruinieren.

Glücklicherweise fiel mit der Einführung der Rentenmark ein paar Monate später der Preis für eine Strampelhose auf 3 Mark 50. Das hat sich bis heute günstig auf meinen Charakter ausgewirkt.

Leider nahm das Eheglück meiner Eltern ein frühes Ende. Ich verließ Brandenburg und fand mit meinem ein Jahr jüngeren Bruder für sieben Jahre Aufnahme bei zwei alten Damen, meiner Großmutter und meiner Urgroßmutter, die beide nach dem Verlust ihrer Ehemänner in Berlin-Wilmersdorf, Pariserstraße 55, zusammenlebten.

Schräg gegenüber wohnten Weizsäckers. Sie

sind uns seinerzeit nicht aufgefallen, wohl weil der Bundespräsident damals erst etwa zehn Jahre alt war.

Im Jahre 1930 reifte in der Familie der Entschluß, mich zur Schule zu schicken. Nicht, weil man sich Besonderes davon versprach. Aber – das sage ich nicht ohne Stolz – auch meine Eltern haben eine Schule besucht.

Im übrigen war die zuständige Volksschule 4, der ich meine bescheidenen Kenntnisse in Lesen, Schreiben und Rechnen verdanke, günstig gelegen. Sie befand sich keine zehn Minuten entfernt in der Nachodstraße 17.

Berliner Straßennamen waren seit je das unverzichtbare Fundament volksnaher Allgemeinbildung. So läßt also der Straßenname »Nachod« damals wie heute das Herz jedes sechsjährigen Grundschülers höher schlagen. Erinnert er doch an eine böhmische Kleinstadt, in deren Nähe am 27. Juni 1866 die Österreicher eine empfindliche Niederlage erlitten.

Allerdings befindet sich in der Nachodstraße jetzt keine Schule mehr, sie wurde 1943 aus der Luft zerstört. Merkwürdigerweise nicht durch die Österreicher.

Als ich einigermaßen fließend lesen konnte, also Anfang der dreißiger Jahre, beendete ich meine Lektüre unzerreißbarer Kinderbücher und entnahm der Bibliothek meiner Großmutter eine Auswahl klassischer Werke, von denen ich annahm, daß sie einer zukünftigen Existenz als Dr. phil. honoris causa dienlich sein dürften.

Vor allem zwei Werke haben mich geprägt: *Kürschners Conversationslexikon von A bis Z* in einem Band und *Robinson* in einer leicht faßlichen Bearbeitung von Joachim Heinrich Campe.

Das *Conversationslexikon* enthielt vor allem einen Anhang mit zahllosen Portraits weltgeschichtlicher Persönlichkeiten in Briefmarkengröße. Ihnen verdanke ich einen bleibenden Eindruck vom wirklichen Format sogenannter großer Menschen.

Die Großmutter weckte mein frühes Interesse für das Leben der Dargestellten durch unterhaltsame historische Details wie Enthauptungen, Vielweiberei und Ähnliches. Großmütter kennen die bevorzugten Wege der kindlichen Phantasie und verfügen zur Wahrnehmung ihres pädagogischen Auftrags unbegrenzt über Raum und Zeit.

Leider ist in den ersten Semestern des Hochschulstudiums eine systematische Einbindung der Großmütter bisher nicht durchsetzbar.

Es sei noch hinzugefügt, daß Kürschners Lexikon den Wissensstand von 1890 nicht überschritt.

Daher blieb mir die jüngere Geschichte zum Glück weitgehend unbekannt.

Die nachhaltige Wirkung des *Robinson* schließlich beruhte auf der Entdeckung, daß in meinem Exemplar an entscheidender Stelle eine Seite fehlte. So endete bereits im Kindesalter mein Glaube an die Unfehlbarkeit gedruckten Bildungsgutes.

Enttäuscht konzentrierte ich mich im Verlauf der nächsten zwanzig Jahre auf die Begegnung mit einer geeigneten Lebensgefährtin.

Das gelang 1951 nach zeitraubenden Umwegen über ein humanistisches Gymnasium, nach bedauerlicher Tätigkeit in einer feldgrauen, schlagenden Verbindung und sechs Semestern Kunstakademie.

Nun befindet sich meine Frau schon seit mehr als fünfzig kurzweiligen Jahren an meiner Seite, wobei sie meine Behauptung »Männer und Frauen passen einfach nicht zusammen« ebenso vehement bestätigt wie liebevoll widerlegt.

Zu Beginn meiner Ausführungen hatte ich angeregt, man möge den Anlaß dieser Feierstunde noch einmal überprüfen, um ihn gegebenenfalls für einen Widerruf zu nutzen. Dafür wäre nun Gelegenheit.

Allerdings halte ich meine biographischen Bekenntnisse nach erneuter Durchsicht doch für

eindrucksvoller, als ich dachte, und schließe mit
der Bitte, das Gehörte vertraulich zu behandeln.

Ich danke Ihnen.

FÜR HEINZ RÜHMANN
Eine Szene zum 90. Geburtstag

ER: Gibt's eigentlich heute abend irgendwas im Fernsehen?

SIE: Es gibt *jeden* Abend *irgendwas* im Fernsehen...

ER: Ich meine irgendwas, was sich *lohnt*.

SIE: Ja, der 90. Geburtstag von Heinz Rühmann... aber wir können heute nicht fernsehen, weil wir eingeladen sind.

ER: Wo?

SIE: Zu Rühmanns Geburtstag.

ER: Im Prinzregententheater?

SIE: Ja.

ER: Typisch, *wenn* mal was im Fernsehen ist, können wir es nicht sehen!

SIE: Wir seh'n es doch!

ER: Aber nicht im Fernsehen!

SIE: Die *andern* seh'n es im Fernsehen ... *wir* seh'n es selbst... persönlich!

ER: Wir seh'n da nicht das, was die andern im Fernsehen sehen...!

SIE: Was denn sonst?

ER: Was weiß ich... Kameras von hinten...

SIE: Wenn wir schon zum Geburtstag eingeladen sind, werden wir ja wohl Rühmann von vorn sehen dürfen!

ER: Von weitem! Ich erkläre dir das mal... auf dem Bildschirm...

SIE: ...Ich muß mich jetzt umziehen...

ER: ...Vielleicht darf ich noch einen Satz dazu sagen... Also: auf dem *Bildschirm* sieht man natürlich *mehr* als in *Wirklichkeit*... wir haben im Fernsehen zum Beispiel schon Maulwürfe, Pinguine und ausschlüpfende Kleidermotten gesehen...

SIE: Was?!

ER: ...Oder häutende... sich häutende Motten ... was war denn das? Kleidermotten... ausschlüpfend... im Schlupf... hörst du mir zu?

SIE: Jaa! ... Im Schlupf...

ER: Richtig... und in *Wirklichkeit*... also auch bei uns im *Garten*... könnten wir das persönlich *nicht* sehen... auch, wenn es da wäre!

SIE: (enerviert, langsam, mit Nachdruck) Wenn in unserem Garten ein Pinguin wäre, würde ich ihn sehen... mit oder ohne Kamera!

ER: Gut... das war ein falsches Beispiel... bleiben wir bei...

SIE: (unterbricht) Pinguine kommen außerordentlich selten in unseren Garten...

ER: Ich sagte schon, das war kein gutes Beispiel...

SIE: ...Und Pinguine sind auch meistens nicht allein...

ER: Ich nehme den Pinguin zurück... hast du gehört... ich nehme ihn zurück...

SIE: Pinguine stehen zu Tausenden herum... die sind gar nicht zu übersehen... das fällt doch auf!

ER: Ich meinte ja auch nur einen einzelnen, und den habe ich ja auch schon...

SIE: ...Dazu brauchten wir nun wirklich kein Fernsehen! Und sich häutende Kleidermotten möchte ich *über*haupt nicht sehen... da reichen mir schon die Nachrichten!

ER: Also, ein anderes Beispiel... und *bitte* höre mir zu!... Hast du jemals in unserem Garten einen Maulwurf gesehen... einen lebenden, maulwerfenden Maulwurf?... nein, natürlich nicht!

SIE: Ich muß mich jetzt umziehen...

ER: ...Aber es *sind* da welche, und *du* hast sie nie gesehen und *ich auch* nicht!...*Aber* im Fernsehen *hast* du sie gesehen! *Das* meine ich!

SIE: (streng) Ich habe unsere Maulwürfe im Fernsehen *nicht* gesehen!

ER: Ich behaupte ja auch nur, daß man im Fernsehen mehr sieht als in der Natur!

SIE: Es ist überhaupt nicht sicher, daß heute Maulwürfe im Fernsehen sind!

ER: Das habe ich auch gar nicht behauptet! Aber wenn irgendwo Maulwürfe wären, dann würden wir sie im *Fernsehen* sehen... aber da, wo sie *sind*... wenn wir da *wären*... da sehen wir sie nicht!... Hörst du mir zu?

SIE: Ja... ich soll darauf gefaßt sein, daß wir auf Heinz Rühmanns Geburtstag keinen Maulwurf sehen!

ER: Ja... und davon abgesehen ist es natürlich eine Ehre, daß wir eingeladen sind...

SIE: ...Weil du mit Heinz Rühmann zusammen in einer Schulklasse warst.

ER: ...Reimann... Horst Reimann war das!

SIE: Ich zieh' mich jetzt um... aber *das sage* ich dir, wir wollen nicht zu lange bleiben und nicht wieder als letzte nach Hause fahren!

ER: Aber wohl auch nicht, bevor wir Herrn Rühmann zum Geburtstag gratuliert haben...

SIE: Neinnein...

ER: ...Und wann?

SIE: Jetzt gleich! Du fängst an!

(Beide stehen auf)

ER: Lieber, verehrter Herr Rühmann…

SIE: …wir wünschen Ihnen von Herzen Glück und Segen…

ER: …und verneigen uns vor dem Geburtstags-kind…

SIE: …in Bewunderung und Dankbarkeit!

WEISSE MÄUSE

Dramatische Werke soll es seit etwa zweitausend-
fünfhundert Jahren geben. Das kann stimmen, es
gab in Berlin schon Theateraufführungen, als ich
noch ein Kind war. Man spielte damals Stücke
von Shakespeare, Molière, Lessing, Goethe, Schiller, Kleist, Ibsen, Strindberg, Hauptmann und
ähnliches. Heute sind die genannten Autoren unbekannt und ihre Werke in Vergessenheit geraten.
Das Publikum ist anspruchsvoller geworden. Es
erwartet die dramatische Verarbeitung von Pro-
blemen aus dem eigenen Lebensbereich.

Infolge mannigfaltiger Belastungen durch Be-
ruf, Familie und Freizeit ist der moderne Mensch
jedoch kaum noch imstande, sich auf ein mehr-
stündiges Bühnenwerk zu konzentrieren. Aus
diesem Grunde überschreitet so gut wie keines
meiner Dramen eine Länge von fünf Minuten.
Damit sind sie dem biologischen Rhythmus von
Menschen und weißen Mäusen angepaßt.

Nur der Bildschirmzuschauer hat die Möglichkeit, während der Vorstellung flüssige und feste

Nahrung zu sich zu nehmen, zu telefonieren oder sich auf andere Weise frisch zu halten. Das Fernsehen bietet somit den geeignetsten Rahmen zur Begegnung mit zeitgenössischem Bildungsgut.

SATIRE IM FERNSEHEN

Das deutsche Wesen ist zwiespältig und daher besonders wertvoll. Wo sonst in der Welt wird beispielsweise so gründlich über Unterhaltung nachgedacht, wo sonst ist aber auch das Verhältnis zu dieser so gebrochen wie im Sprachraum Goethes und der Gebrüder Grimm. Wir sind eben mit unserem Kulturgut seriös verheiratet und schämen uns der Freundin.

Da kein Begriff diskutabel ist, auf dessen Bedeutung man sich nicht geeinigt hat, hier eine (gekürzte) Definition aus dem *Brockhaus* des Jahres 1895:

»Die Aufgabe der Satire ist es, den Widerspruch der Wirklichkeit mit dem Ideal, also die Nichtigkeit sowohl der gesellschaftlichen Zustände als auch der Irrungen und Verkehrtheiten des Staatslebens und der politischen Parteien in ihrer ganzen Blöße darzustellen und so auf deren Besserung und Veredelung einzuwirken.«

Wir Satiriker sollen bessern und veredeln, also eine Art Gartenarbeit leisten. Man braucht nur einen Blick auf die Gartenpflege zu werfen, und der ganze destruktive Charakter dieses Veredelungsauftrags wird deutlich. Da wird ausgerupft, abgeschnitten, abgesägt und weggeworfen, verbrannt und sogar getötet. Der Gärtner bedient sich hierzu waffenähnlicher Werkzeuge.

Auch die Satire ist eine Waffe. Zweischneidig durch Witz und Ironie. Weder Witz noch Ironie haben positive oder konstruktive Aspekte. Also ist zwangsläufig auch die Satire, wie jede Waffe, destruktiv und zersetzend. Gott sei Dank. Sie baut ab, wo das Fundament nicht stimmt, sie zersetzt, was falsch zusammengewachsen ist.

Es hat sich so eingeschlichen, Eigenschaften wie »destruktiv« und »zersetzend« als krank zu empfinden, wie Pest und Pocken etwa, ohne danach zu fragen, *was* destruiert, *was* zersetzt wird. Ein aus der Angst geborenes bürgerliches Mißverständnis.

Es mag darin begründet sein, daß die Satire gelegentlich etwas Entscheidendes vermissen läßt: den Humor. Dabei brauchte sich der engagierte Satiriker dessen nicht zu schämen. Auch Humor ist immer zersetzend. Wehe dem Satiriker, der glaubt, auf ihn verzichten zu müssen. Er begibt sich eines entscheidenden Wirkungsfaktors.

Die geglückte humoristische Satire stößt nur auf

schwachen Widerstand. Sie läßt ihr Opfer jubilieren, nicht obwohl, sondern weil es sich getroffen fühlt. Nur so verwandelt sich die verletzende Unterhaltung zum Phänomen der unterhaltsamen Verletzung.

Allerdings gehört die Satire zu einem der überflüssigsten literarischen Produkte, wenn sie nicht veröffentlicht wird. Das Fernsehen hat Unterschlupf geboten, teils froh, teils mit Bedenken oder ohne Sympathie. Es gibt da Probleme.

Zum ersten Mal in der Geschichte der Menschheit ist es möglich, einem Millionen zählenden Publikum mehrmals täglich, vor und nach den Mahlzeiten, sogar während derselben, eine Droge zu verabreichen, ohne daß es eine wirkliche Chance hätte, sich dagegen zu wehren. Ein Buch kann man in die Ecke werfen, das Theater in der Pause verlassen, die Zeitung abbestellen. Aber der Hinweis auf den Abschaltknopf des Fernsehgerätes ist zynische Theorie. Der moderne, verbildete Mensch ist nach festen Rhythmen auf das eingeschaltete Gerät programmiert und genußbereit.

Es gibt zwei ungleiche Schwestern, die, wie alle Geschwister, eng verwandt und daher geborene Gegner sind: Politik und Satire. Ihr gemeinsamer Geliebter ist das Fernsehen, pikanterweise ein Neutrum, was das Geschlecht betrifft. Werfen wir also einen Blick auf diese widernatürliche Beziehung zu dritt, um vergleichend zu klären: Wer darf was?

Das Neutrum Fernsehen sollte unverführbar sein. Seltsamerweise ist es das nicht. Und so erliegt es gelegentlich dem Charme der Politik. Hier bedarf es sorgfältiger Unterscheidung, wenn wir Standort und Möglichkeiten der Satire in ihrem Umfeld klären wollen.

Der Berufspolitiker vertreibt auf ehrliche Managerart sich und seine Partei als Markenartikel. Er kann geistreich, humorig, ernst oder schwachsinnig sein, niemand wird ihm das Recht nehmen wollen, seine Überzeugung via Bildschirm zu verbreiten. Er mag sogar die Unwahrheit sagen, wenn er sie brillant formuliert. Das lockert angenehm die Sitten und trägt zur Unterhaltung bei. Er darf alles.

Aber dann gibt es die anderen, die treuherzigen Bildschirmpolitiker, die das Brandmal ihrer Partei keusch hinter dem Schein der Überparteilichkeit und Objektivität verborgen halten, sich jedoch lieber die Zunge abbeißen würden, als ihren Parteifreunden die Suppe zu versalzen. Leider hat sich noch keiner die Zunge abgebissen, und die Suppe ist trotzdem versalzen.

Warum hat eigentlich noch niemand öffentlich darauf hingewiesen, daß ein Fernsehschaffender,

der seine Arbeit auf dem Bildschirm in den Dienst einer bestimmten politischen Richtung stellt, fortgesetzte Schleichwerbung betreibt, was doch wohl zu den Todsünden der Mattscheibe gehört? Man muß sich fragen, warum dieser Herr nicht auch ein Glas seiner Lieblings-Delikateßgurken vor sich auf dem Tisch hat, mit dem Etikett zur Kamera. Man wundert sich, daß er nicht beiläufig zu verstehen gibt, seine Unterwäsche sei Dash-gepflegt und daher so hautfreundlich. Zur Rede gestellt, würde er wahrscheinlich antworten, diese objektive Betrachtung aus der Sicht seiner Unterwäsche diene lediglich der Information, auf die der Zuschauer Anspruch habe.

Seltsamerweise wird dem Satiriker im Fernsehen eine ähnlich großzügige Auslegung seines Freiraumes nicht immer zuteil. Woran liegt das? Zunächst am Zuschauer, erst in zweiter Linie am Fernsehen.

Hier sei eine Verallgemeinerung erlaubt. Das deutsche Bürgertum neigt zu großer Aufgeschlossenheit, wenn Weltanschauung ernsthaft vorgetragen wird. Auch der gefährlichste Unsinn, gleichgültig, aus welcher Richtung – mit Würde vorgetragen –, wird disziplinierte Zuhörer finden, auch wenn diese anderer Meinung sein sollten.

Der Satiriker dagegen wird leicht als ungezogenes Kind empfunden, das den Erwachsenen mit seinem Geschrei auf die Nerven geht. Es bekommt daher ein pflegeleichtes Ställchen, wo es sich ganz frei bewegen kann. Und das goldene Wort von den Kindern und Narren steht in Meiers Hausschatz für die Familie, gleich rechts auf der Anrichte, zwischen Fotoalbum und Shell-Atlas.

Es ist sicher unrichtig, zu behaupten, die Deutschen hätten weniger Humor als andere. Richtig ist wahrscheinlich, daß wir ein leichter zu verletzendes Selbstbewußtsein haben. Das macht uns empfindlich, wenn wir uns nicht ernst genommen fühlen. Die Engländer sind da weniger heikel. Sie haben ja auch weniger Prügel bezogen.

Daher wird bei uns die Wahrheit im Gewande der Satire oft schwerer ertragen als eine seriöse Lüge. Dieser Hang zu einer unausgewogenen Ernsthaftigkeit treibt sowohl in der Familie als auch in der Fernsehpraxis bizarre Blüten. So entscheidet, wie man weiß, nicht etwa ausschließlich die fachliche Eignung, sondern auch die politische Überzeugung bei der Besetzung eines leitenden Fernsehpostens.

Schon das erschiene skandalös und als gefundenes Fressen für die Satire, wenn nicht die Wurzel dieses Vorgangs sehr viel böser wäre: eben jener tödliche Ernst, frei von Fairness und Gelassenheit, eine allgemeine, nahezu totale Humorlosigkeit, mit der bei uns politisch gedacht und leider auch gehandelt wird.

Die Satire ohne Humor wird nicht akzeptiert, da sie verletzend und würdelos sei. Warum ist Politik ohne Humor akzeptabel? Diese politische Verbissenheit mag dem Berufspolitiker zähneknirschend verziehen werden; den Gestalter von Fernsehprogrammen sollte sie disqualifizieren.

Zum Berufsethos eines Fernsehmachers der gehobenen Gehaltsklasse müßte auch der Ehrgeiz gehören, aus seiner politischen Überzeugung ein Rätsel zu machen. Nur zwischen sämtlichen Stühlen ist sein Platz. Wie schnell würden wir dann unser Proporzsystem mit seiner zwanghaften Ausgewogenheit als ebenso lächerlich wie unwürdig empfinden.

Mit Proporz sollten doch wohl nichts anderes als Vernunft und das Verständnis für eine andere Überzeugung gemeint sein. Der Proporz hat also in uns selber stattzufinden. Wenn nicht, ist die Möglichkeit zum Gespräch vertan.

An diesem Punkt findet die moderne Satire ihre Aufgabe und eine Chance. Die Satire vergangener Epochen hatte leicht erkennbare Ziele. Die Macht saß oben in Staat und Gesellschaft. Ein attraktiver Gegner, der nicht zu verfehlen war. Man traf mit geschlossenen Augen und war sich der Sympathie einer Mehrheit sicher. Das ist vorbei. Die politische Macht sitzt nur scheinbar oben, und die gesellschaftliche Macht ist durch ihre Schichten nach unten gerutscht.

Da die Satire stets auf die Macht zielt, hat sich die Schußrichtung geändert. Der Pfeil weist auf den, der für die Zustände verantwortlich ist, in denen wir leben. Das sind der Wähler, der Konsument, der Zuschauer, der Autobesitzer, aber auch der Fernsehmacher, der Gewerkschaftler, der Werbefachmann, der Vertreter, kurz, der Mann und die Frau auf der Straße oder draußen im Lande, wie es immer heißt. Sie haben die Macht und tragen im Grunde die Verantwortung. Damit werden sie zum Ziel der Satire.

Gewiß bleiben Regierung und Opposition in der Schußlinie. Aber eben nur als Abhängige jener Millionen Sympathisanten, in deren Auftrag sie zu funktionieren haben. Von gewissen spektakulären politischen Fehlleistungen abgesehen, sind sie für den Satiriker eigentlich nur insoweit interessant, als sie dieselben menschlichen Schwächen zeigen wie jeder andere Mensch in unserer Gesellschaft.

Es sollte zur Aufgabe der Satire gehören, die entartete Politisierung unseres Lebens der Lächerlichkeit preiszugeben. Gemeint ist nicht die engagierte politische Überzeugung, sondern der Umgang mit ihr. Wenn das politische Gebaren eben jene Charaktereigenschaften kastriert, die allein das Leben in einer Gesellschaft erträglich machen, entwickeln wir uns zurück.

Wir Satiriker wissen um unseren schwachen Wirkungsgrad. Es spricht daher für eine gewisse Weltfremdheit, wenn wir beispielsweise bemüht sind, durch unsere Art von Pädagogik der Politik wieder zu jener Glaubwürdigkeit zu verhelfen, die sie im Begriff ist zu verlieren. Als bescheidene Gegengabe sollte sie uns uneingeschränkte Freiheit garantieren. Sonst ist ihr nicht zu helfen.

Nach meiner letzten Sendung war in der *Deutschen Wochenzeitung,* Rosenheim, zu lesen, ich betriebe durch die Schilderung eines Gattenmordes in Verbindung mit dem Weihnachtsfest seelische Zersetzung, und es gehöre zu der Welt, in der wir leben, daß durch diesen Skandal kein Staatsanwalt aufgeweckt würde. Der Artikel schloß mit dem Absatz:

»Um uns den Kontrast zwischen dem von allen Menschen ersehnten Weihnachtsfrieden und der rauhen Wirklichkeit klarzumachen, brauchen wir keinen Loriot, denn das wirkliche Leben ist keine Karikatur.«

Da schließe ich mich der Meinung des Schreibers an. Nur in einem Punkt muß ich ihn korrigieren: Unser wirkliches Leben *ist* eine Karikatur.

DER FRAGEBOGEN

Was ist für Sie das größte Unglück?
  Bayreuth (Abfahrt).
Wo möchten Sie leben? *Tristan-, Ecke Isolden-*
  straße.
Was ist für Sie das vollkommene irdische Glück?
  Bayreuth (Ankunft).
Welche Fehler entschuldigen Sie am ehesten?
  Siegmunds und Sieglindes Bund.
Ihre liebsten Romanhelden? *Wagner hat keinen*
  Roman geschrieben.
Ihre Lieblingsgestalt in der Geschichte? *Wagner.*
Ihre Lieblingsheldinnen in der Wirklichkeit?
  Birgit Nilsson, Gwyneth Jones, Hildegard
  Behrens, Jeannine Altmeier, Catherina
  Ligendza.
Ihre Lieblingsheldinnen in der Dichtung?
  Brünnhilde, Waltraute, Sieglinde, Isolde.
Ihre Lieblingsmaler? *Wagner hat nie gemalt.*
Ihr Lieblingskomponist? *Wagner.*
Welche Eigenschaften schätzen Sie bei einem
  Mann am meisten? *Des Helden heilige Not.*

Welche Eigenschaften schätzen Sie bei einer Frau am meisten? *Weibes Wonne und Wert.*

Ihre Lieblingstugend? *Fällt mir nicht ein.*

Ihre Lieblingsbeschäftigung? *Mächtigste Minne.*

Wer oder was hätten Sie sein mögen? *Mime, mein Mops.*

Ihr Hauptcharakterzug? *Weiß ich nicht.*

Was schätzen Sie bei Ihren Freunden am meisten? *Ihre Existenz.*

Ihr größter Fehler? *Meine Fehler sind alle gleich groß.*

Ihr Traum vom Glück?
Bayreuth 1982 – 83 – 84 – 85 – 86 – 87 – 88 – 89 – 90 – 91 – 92 – 93 – 94 – 95 – 96 – 97 – 98 – 99 – 2000.

Was wäre für Sie das größte Unglück?
Bayreuths Ende.

Was möchten Sie sein? *Genial.*

Ihre Lieblingsfarbe? *Wotans grämliches Grau.*

Ihre Lieblingsblume? *Die Wagnolie.*

Ihr Lieblingsvogel? *Der wonnige Laller.*

Ihr Lieblingsschriftsteller? *Wagner.*

Ihr Lieblingslyriker? *Wagner.*

Ihre Helden in der Wirklichkeit? *Max Lorenz, Fritz Windgassen, Peter Hofmann, René Kollo, Fritz Hübner.*

Ihre Heldinnen in der Geschichte? *Amalie*

Materna, Malvine Schnorr v. Carolsfeld,
Lotte Lehmann.
Ihre Lieblingsnamen? *Ortlinde, Schwertleite,*
Helmtwige, Grimgerte, Roßweiße.
Was verabscheuen Sie am meisten? *Gekürzte*
Wagneropern.
Welche geschichtlichen Gestalten verachten Sie
am meisten? *Alle (außer Wagner).*
Welche militärischen Leistungen bewundern Sie
am meisten? *Den Walkürenritt.*
Welche Reform bewundern Sie am meisten?
Weiß ich nicht.
Welche natürliche Gabe möchten Sie besitzen?
Einen Heldentenor.
Wie möchten Sie sterben? *Morgendlich*
leuchtend im rosigen Schein.
Ihre gegenwärtige Geistesverfassung? *Müde.*
Ihr Motto? *Heiahaheiahaheiaha …*

Was ist ein Wagnerianer?

Sehr verehrter Herr Schreiber,

wir hatten telefoniert und, wie ich glaube, über *Wagneriana* gesprochen. Was man heute darunter verstehe, und ich solle mich schriftlich dazu äußern. Also da hat sich in den letzten hundert Jahren eigentlich nichts geändert. Das waren immer schon Manschettenknöpfe, gesammelte Schriften, Bildpostkarten der Rheintöchter aus dem Festspielsommer 1912, der Kopf des Meisters in Marzipan und ähnliches. Für den Fall jedoch, daß ich mich verhört haben sollte und es sich mehr um *Wagnerianer* handelte, wird es komplizierter. Die Endung »ianer« kennzeichnet in der Regel bedingungslose Anhängerschaft in Verbindung mit einer gewissen Trotzhaltung gegenüber Andersdenkenden. Zum Beispiel Freudianer, Kantianer. Das ist jedoch nur bedingt richtig: Schon Persianer und Indianer sind auf diese Weise schwer zu definieren. Hier sind die Gründe dafür zu suchen, warum alle Deutungen des Begriffes bisher so wenig befriedigen. Noch am interessantesten erscheint mir die Ansicht, für einen Wagnerianer gehörten der *Don Giovanni,* die *Matthäuspassion* und Beethovens späte Streichquartette auf das Feld der leichten Muse, obgleich ihm die *Götterdämmerung* kurzweiliger erscheint als eine *Nacht in Venedig.*

Mit freundlichen Grüßen

SAUGFÄHIG

Wenn ich die Absicht habe, eine Ausgabe der *Süddeutschen Zeitung* ungestört und zur Gänze zu lesen, löse ich eine Rückfahrkarte für den Intercity München–Stuttgart.

Ich bin die Strecke seit Ende der fünfziger Jahre häufig gefahren. Daher ist mir das Blatt vertraut. Anfangs machte ich den Fehler, die letzten Seiten erst bei der Einfahrt in den Stuttgarter Hauptbahnhof aus der Hand zu legen. Häufig hinterließ ich dann beim anschließenden Besuch einer Buchhandlung den druckfrischen Abrieb meiner geschwärzten Fingerkuppen in den arglos dargebotenen Händen des Buchhändlers und seiner Gattin. Seither beende ich die Lektüre meines Lieblingsblattes spätestens auf der Höhe von Göppingen, suche das WC auf und nutze die verbleibende Zeit für die erforderlichen drei bis vier Waschgänge. Hygienischer ist es, die *Süddeutsche* vor dem Gebrauch einige Tage abzulagern, um der Druckfarbe Gelegenheit zu geben, mit dem Papier eine feste Bindung einzugehen. Zudem wird durch einen natürlichen Alterungsprozeß die depressive Wirkung des täglichen Weltgeschehens weitgehend aufgehoben. Aus zeitlichem Abstand hat das Gleichmaß schauderhafter Meldungen aus Politik, Wirtschaft und Gesellschaft sogar einen gewissen Unterhaltungswert.

Ich machte diese Erfahrung, als unser Hund von einem starken leiblichen Unwohlsein befallen war. Antons Schlafstatt befindet sich im Entree des Hauses, in einem Raum also, der dem Besucher den wichtigen ersten Eindruck vermittelt. Da das Tier verschiedene Funktionen vorübergehend nicht unter Kontrolle hatte, entschlossen wir uns, den Raum mit einem umfangreichen Vorrat an *Süddeutschen Zeitungen* auszulegen, der in längerer Abwesenheit gewachsen war.

Bis zum nächsten Morgen hatte Anton unsere Meinung über drei Wochen Weltpolitik zutreffender ausgedrückt, als uns das je hätte gelingen können, wobei er, das sei zur Genugtuung der Redaktion versichert, zwischen Meldung und Kommentar deutlich zu unterscheiden wußte.

Aber ich täte der sz Unrecht, wollte ich ihre Verdienste auf ein veterinärmedizinisches Teilgebiet beschränken. Ich werde auf herbstlichen Spaziergängen häufig von Regenfällen überrascht. Das Schuhwerk wird durchnäßt. Zwei sofort nach Rückkehr in die Schuhspitzen eingeführte und kräftig nachgeschobene geballte Doppelseiten der *Süddeutschen* sind nicht nur der Trocknung dienlich. Sie straffen auch eingetragene Gehfalten und stellen die alte, verloren geglaubte Paßform wieder her.

Sehr deutlich ist hier die Überlegenheit der *Süddeutschen* im Vergleich zu anderen Erzeugnissen der Tagespresse spürbar. Die FAZ, nur um ein Beispiel herauszugreifen, ist zwar im Bereich politischer, wirtschaftlicher und kultureller Analysen um ein hohes Niveau bemüht, aber das Blatt ist nicht saugfähig oder nur in begrenztem Umfang. Ein Paar sehr geliebter italienischer Schuhe, auf der Durchreise in Mailand erworben, feucht geworden und (versehentlich) mit der *Frankfurter Allgemeinen* ausgestopft, war nach 24 Stunden eine gute Nummer zu klein. Eine renommierte Tageszeitung aber, die nach der ersten Lektüre keine weitere Verwendung erfährt, begibt sich eines wesentlichen Teils ihrer publizistischen Wirkung.

Der alte, verknüllte und wieder geglättete Zeitungsartikel – mag er nun einem Schuh oder dem Stopfgut zur gefahrlosen Übersendung eines Porzellangeschirrs entnommen sein – ein solcher Artikel lädt zum Verweilen ein. Ich stieß schon auf fesselnde Betrachtungen, die mir bei wohl zu rascher täglicher Lektüre des Blattes entgangen waren. Meist war es ein Beitrag aus dem Feuilleton, der auf diese Weise eine schmerzliche Wissenslücke rechtzeitig schloß. Eine Arbeit etwa über das verschollene Versgut eines usbekischen Lyrikers der zwanziger Jahre.

Ich gehöre zu jener Minderheit, die den Raum des Feuilletons gern erweitert sähe. Die tagespolitischen Seiten sind auf hausärztlichen Rat nur insofern unverzichtbar, als sie jene wütenden Adrenalinstöße auslösen, die einem möglichen, altersbedingten Abnehmen der Vitalität entgegenwirken.

Bisher hatte ich keine Schwierigkeiten, dem Blatt geistig zu folgen. Nach zwei- bis dreimaligem Lesen erschlossen sich mir auch komplizierteste Gedankengänge. Dann kam der 11. August 1995. Da hat mich das sogenannte »Streiflicht« – wenn ich das sportlich formulieren darf – mental überfordert. Man sollte zwar Ausfälle dieser Art nicht nur negativ beurteilen. Eine leichte Form der Altersverblödung liegt durchaus im Bereich einer nicht unwillkommenen körpereigenen Abwehr gegen Informationen. Aber ich habe die Warnung verstanden. Ich müßte mal länger in Urlaub fahren, in eine Art Sanatorium, wo man behutsam auf den Wandel der Zeiten vorbereitet wird.

Vielleicht sehe ich dann gelassener dem Tag entgegen, an dem auch auf der ehrwürdigen Titelseite der *Süddeutschen* das trostlose Konfektionsblau unserer Politikerelite in Farbe erlitten werden muß.

Seit 38 Jahren befindet sich die sz in unserem Haus. Seit 38 Jahren weiß ich nicht, wo ich sie hingelegt habe. Und doch verdanke ich ihr bis heute 6000 durchlesene Stunden, anderthalb Jahre meines Lebens. Nun ist die *Süddeutsche* fünfzig geworden. Kein Alter für eine Geliebte.

DIE GRÖSSTE ZEITUNG

Die ehrwürdige Tageszeitung, der wir das heutige kulturelle Ereignis verdanken, führt auf ihrer ersten Seite den Titel »bz« mit der Unterzeile »Die größte Zeitung Berlins«.

Ich habe das nachgemessen: Aufgeschlagen ist das Blatt 40 cm hoch und 56 cm breit. Es bietet daher 80 Goldhamstern Platz, sofern die Tiere sich ruhig verhalten. Das ist schon sehr erstaunlich!

Auch genügen beispielsweise 10 Nummern der bz, um bei Malerarbeiten die empfindliche Auslegeware einer mittleren Zweieinhalbzimmer-Wohnung abzudecken, zwei Doppelseiten inklusive, um einen Malerhut zu falten.

Vor 120 Jahren wurde die bz gegründet. Abonnenten aus dieser Zeit erhalten heute die bz kostenlos. Ein kluger Einfall des Herausgebers. So erliegt der alte, bewährte Leserstamm nicht der Versuchung, schon nach 120 Jahren seine Tageszeitung zu wechseln.

Und nun also zum 6. Mal die Verleihung des bz-Kulturpreises.

Für die künstlerische Gestaltung der begehrten Trophäe stand offensichtlich einer jener verdienten Altabonnenten Modell. Deutlich erkennt man, wie er nach dem Lesen des Kulturteils der BZ in Verzückung gerät.

Leider erschwert das Fehlen eindeutiger, der Fortpflanzung dienlicher Merkmale die Feststellung, ob wir in dieser Statue einen BZ-Leser oder eine BZ-Leserin zu erblicken haben. Auf Anfrage mochte man sich in der Redaktion zu diesem Punkt nicht festlegen, wohl um keine Hälfte der Leserschaft zu benachteiligen.

Ich selbst – auch auf die Gefahr hin, rassistisches Gedankengut zu verbreiten –, ich selbst weiß aus eigener Erfahrung: das ist ein Mann! Sonst hätte er nicht sein Haupthaar eingebüßt.

Abgesehen von seiner Begeisterung über die Kulturseiten der BZ zeigt der kleine kahle Abonnent aus Bronze eine unter Künstlern und Politikern beliebte Geschicklichkeitsübung: den Versuch, trotz des einen nach links orientierten Beines das Gleichgewicht nicht zu verlieren.

Aber die eigentlich geniale Paßform der Skulptur erweist sich, wenn nun der nächste Preisträger sie in den Händen hält: das Berliner Philharmonische Orchester. Dann erkennen wir in der Trophäe einen Dirigenten von tänzerischer Anmut.

Übrigens hatte auch ich schon die Gelegenheit, das Orchester zu dirigieren. Häufiger als Bernstein oder Kleiber. Die intensive Zusammenarbeit hat späteren Dirigenten die Arbeit sehr erleichtert.

Dieser Maestro in Bronze ist zwar nur 27 cm hoch – Karajan beispielsweise war sehr viel größer –, aber die fehlenden Ohren gemahnen an Beethoven, und seine Zeichengebung ist so professionell wie eindeutig: Wir sehen, wie er mit weit ausholender Bewegung beider Arme Bläser und Streicher zu einem verminderten Dominant-Sept-Akkord auf Fis in ein dreifaches Pianissimo dolce führt. Nur der Harfe erlaubt er auf den ersten beiden Takten ein schwebendes Arpeggio im Piano.

Nun weiß es auch jeder BZ-Leser, der sonst eher die Sportseite bevorzugt: Jawohl, wir sind im *Don Juan,* der Tondichtung für großes Orchester, Opus 20, von Richard Strauss, auf Seite 23 der Partitur, 3. Takt nach D.!

Der Maestro hat sein linkes Bein erhoben, um beim zweiten Triolenviertel dem Konzertmeister der Philharmoniker durch einen Tritt ans Schienbein den Einsatz zu geben für sein großes Solo »Molto espressivo!« Das ist Musik!

DER HERR MINISTERPRÄSIDENT
Zum 60. Geburtstag von
Edmund Stoiber

Hochverehrter Herr Ministerpräsident,
meine sehr verehrten Damen und Herren!

Es ist eine Ehre, hier und heute das Wort ergreifen
zu dürfen und, was mich betrifft, auch ein erneuter Beweis für die bayerische Großherzigkeit, die
einem zugereisten Brandenburger ungeprüft Zutritt in die lichten Gefilde bayerischer Lebenslust
gewährt.

So sei nun unserem Geburtstagskind eine Betrachtung gewidmet, die sich auf den eigentlichen
Kern seines glanzvollen Lebenslaufes konzentriert: den Fußball.

Am 28. September vor sechzig Jahren brachte
Edmund Rüdiger Stoiber dreieinhalb Kilo auf die
Waage. Seine Länge betrug 54 Zentimeter. Hätte
man ihm damals das höchste Amt in Bavarien anvertraut, wäre er der kleinste Ministerpräsident in
der Geschichte Bayerns gewesen. Schade. Ande-

rerseits wirkt ein Staatsoberhaupt, das nur Papa und Mama sagen kann, zwar sympathisch, ist aber im Wahlkampf keine große Hilfe. Also hielt sich der Säugling klug zurück, bis seine Zeit gekommen war.

Die ersten Monate verbrachte das Kind im Liegen, entdeckte sodann im Verlauf der Krabbelphase den Gebrauch der Hinterbeine und erhob sich eines Tages unter allgemeinem Beifall in den aufrechten Gang, den der Ministerpräsident bis jetzt bevorzugt, als einzige Haltung, in der sich ein Fußball sinnvoll bewegen läßt.

Alsbald ergab sich die Lebensfrage, ob eine leidenschaftliche Neigung zu diesem Rasenspiel oder Heim und Familie den Vorrang habe. Ein Problem, das noch heute einer Lösung harrt. Mit Sicherheit ist die Vermutung übertrieben, die Gattin unseres verehrten Herrn Ministerpräsidenten habe in das gemeinsame private Wohnhaus ohne Ball keinen Zutritt.

Unklar bleibt vorerst auch, wann und wo der stark beanspruchte Herr Ministerpräsident auf einen Doppelgänger angewiesen ist: im Amt, daheim am Wochenende oder auf der Ehrentribüne bei einem Spiel des FC Bayern München. Letzteres ist wohl auszuschließen.

Seinerzeit entschloß sich der junge Stoiber noch

zu einer aktiven Laufbahn als Verteidiger im Fuß-
ballverein BCF Farchet, in der richtigen Annahme,
daß die Verwendung als Ministerpräsident allemal
als Ausweg offenbliebe, zumal ein guter Fußballspieler um die 20 Millionen kostet, während ein
Ministerpräsident vergleichsweise doch günstiger
zu haben ist.

Wie wir alle wissen, gelang es dem Jubilar mit
staatsmännischem Geschick, sportliche Neigung
und politische Berufung sinnvoll zu verbinden.
Schon ein Blick in dieses Gebäude beweist, wie
ernst hier der Arbeitsbereich Fußball genommen
wird.

Die Ausstattung der Bayerischen Staatskanzlei
mit schußsicherem Fensterglas dient nicht, wie
häufig angenommen, der Sicherheit der im Inne-
ren des Gebäudes einsitzenden Beamtenschaft,
sondern vielmehr dem Schutz der arglos vor dem
Hause promenierenden Bürgerinnen und Bürger
gegen herausfliegende, scharf geschossene Quer-
pässe.

Es wird angestrebt, das tägliche Fußballtraining
in den Gängen und Amtsräumen der Bayerischen
Staatskanzlei zeitlich zu begrenzen, um in den
spielfreien Minuten ausländische Gäste empfangen zu können, ohne deren Leib und Leben zu ge-
fährden.

Dem Ministerpräsidenten ist es in Anbetracht seiner starken mentalen und physischen Belastung vorbehalten, ganztägig am Ball zu bleiben und die persönlichen Amts- und Repräsentationsräume zum Training zu nutzen.

Dort erlauben die widerstandsfähige Auslegeware und sparsame Möblierung auch bei hoher Laufgeschwindigkeit ein elegantes Dribbling zwischen Schreibtisch und Sitzgruppe mit wiederholten Schüssen aufs Tor zwischen zwei Nymphenburger Fayencen.

Dann ist der Kopf wieder frei, der Kreislauf in Bewegung.

Aber man würde der Vielseitigkeit des Gefeierten nicht gerecht, wollte man Leben und Karriere nur über den Fußball definieren. Die entscheidenden Impulse verdankt der Jubilar dem Umgang mit der Literatur.

Nach Aussage der Familie ist es vor allem *ein* Buch, das unseren Ministerpräsidenten seit seinen Kindheitstagen menschlich und politisch beeinflußt hat. Das Werk trägt den Titel *Hänschen im Blaubeerenwald* und zählt zu den Bestsellern der ersten Hälfte des 20. Jahrhunderts. Nicht zu Unrecht.

Man wird gepackt von der Geschichte eines Jugendlichen, der auf ergebnisloser Suche nach Waldesfrüchten die Hilfe fachkundiger Zwerge in Anspruch nimmt und eine immense Ausbeute nach Hause trägt.

Schon früh erkannte unser Ministerpräsident die politische Brisanz des Werkes im Zusammenhang von Phantasie und Wirtschaftswachstum.

Leider gilt das Buch im Staatsarchiv heute als verschollen. Ich nutze daher die Gelegenheit, Ihnen, Herr Ministerpräsident, zum Geburtstag ein ebenfalls sechzigjähriges Exemplar mit herzlichen Glückwünschen zu überreichen. Möge es Ihrem Wohl und dem Segen Bayerns dienlich sein!

FUSSBALL
100 Jahre FC Bayern München

Meine sehr verehrten Damen und Herren,
liebe Sportsfreunde und Sportsfreundinnen,

zur Feier des heutigen Tages wurde ein Redner gesucht, von dem man annehmen kann, daß er die Gründung des FC Bayern vor 100 Jahren miterlebt hat und akzentfrei bayrisch spricht. Kurz, die Wahl fiel auf mich.

Das ist eine große Ehre, auch wenn ich bekennen muß, daß ich mich spielerisch zur Zeit nicht in Hochform befinde, da ich seit 60 Jahren eine Trainingspause einhalte. Doch vor dem Bildschirm bin ich mental fit geblieben. Häufig stelle ich während der Übertragung eines Spieles fest, daß ich den Ball erstens früher abgegeben und zweitens präziser zugespielt hätte. Doch lassen wir das. Heute ist nicht der Tag kleinlicher Kritik. Es ist vielmehr Zeit für einen Blick zurück.

Schon vor Hunderttausenden von Jahren hatte der Mensch Freude daran, Gegenstände mit Fußtritten in rasche Bewegung zu versetzen. Allerdings ging man seinerzeit noch auf allen vieren, so daß ein Schuß aufs Tor sich meist schon in den eigenen Vorderbeinen verfing.

Da begriff der Mensch, er müsse sich, wenn er erfolgreich Fußball spielen wollte, in den aufrechten Gang erheben. Und diese Erkenntnis führte, wie wir wissen, zu Tempo und Eleganz des Fußballspiels und damit auf den Weg in die Zivilisation. Politiker, Wissenschaftler und Kulturschaffende folgten Jahrtausende später.

Leider gewöhnen sich seither viele Menschen an den aufrechten Gang, die gar nicht vorhaben, Fußball zu spielen.

Wir wollen nicht lange drumrumreden: In Bayerns Hauptstadt hat sich der Fußball nur zögernd durchgesetzt. Hier herrschte noch die große Zeit des Fingerhakelns, einer Sportart mit kämpferischem Einsatz des rechten Mittelfingers.

Als erste empfanden sportinteressierte Studenten die Leistung ihrer Mittelfinger als unbefriedigend und wandten sich einem damals hierzulande noch weithin unbekannten Rasenspiel zu, dem Fußball, einem Spiel, bei dem der Mittelfinger nie oder nur in kritischen Situationen zum Einsatz kommt. Das Spiel stammte, wie die meisten Sportarten, bei denen es gilt, Leib und Leben zu riskieren, aus englischen, für ihre Fairneß bekannten Akademikerkreisen.

Ende des 19. Jahrhunderts verließen die Studenten den aktiven Fußball, um sich als Gymnasiallehrer, Zahnärzte oder Juristen zu profilieren. Das war bedauerlich, weil so mancher begabte Spieler, statt sinnvoll über den Rasen zu stürmen, nun als Verteidiger am Oberlandesgericht seine schlappe Karriere machte!

Hinzu kam, daß im Deutschen Reich die ernsthafte turnerische Leibesübung moralischen Vorrang besaß. Des deutschen Mannes Heimat war sein Turnverein. Dort sprang er mehrfach pro Woche in die Grätsche, beugte den Rumpf zur Ehre des kaiserlichen Landesherrn und stärkte den Leib für Familie, Volk und Vaterland.

Nicht so die Fußballer. Als verspieltes Anhängsel des Männerturnvereins fehlten sie dort häufig unentschuldigt, vergaßen Frauen, Fürst und Vordermann, um sich dem Fußball zu widmen, ihrem eigentlichen Lebenszweck. Das heißt, sie ruinierten ihre Schuhe, schlugen sich die Knie auf und kamen zu spät zum Abendessen … aber es war der Weg in die Unsterblichkeit!

Wie Sie vielleicht bemerken, erlaube ich mir, diese Vorgänge etwas gerafft vorzutragen, da sie ohnehin zur Allgemeinbildung gehören. Sollten sich in meine Ausführungen Fehler oder Ungenauigkeiten einschleichen, dürfen Sie leere Bierdosen auf die Bühne werfen.

Also, im Jahre 1900 war das Maß voll, und der Männerturnverein drängte auf ein strenges Wort mit den Fußballern. Am 27. Februar um halb acht Uhr abends fand im Münchner Restaurant Bäkkerhöfl die Sitzung statt.

Schon nach wenigen Minuten in starrer Haltung grätschten sich die Turner ins Abseits der Debatte, worauf die Fußballer sich erhoben und in die Gaststätte Gisela hinüberwechselten. Dort gründeten sie eine Stunde später den ersten Fußballclub Bayerns. Anwesend waren, wie wir alle wissen, Franz John und die Herren

> Pollack, Wamsler, Schmid und Ringler,
> Focke, Francke, Friedrich,
> Nägele und Zöpfel.

An dieser Stelle muß wieder einmal auf eine leider übliche Nachlässigkeit hingewiesen werden: von den eben genannten Herren ist heute nicht ein einziger eingeladen. Nicht einmal Nägele.

Aber vielleicht ist das seltsame Verhalten auch erklärlich. Denn damals genehmigten die Herren für die Kosten des Gründungsfestes eine Gesamtsumme von 40 Mark aus der Vereinskasse, und dieser Betrag wurde dann im allgemeinen Überschwang um 13 Mark überschritten. Solche Unkorrektheiten machen heutzutage natürlich keinen guten Eindruck.

Aber es wurde in den folgenden Tagen auch erstaunlich kreativ gearbeitet. Zunächst wurde festgehalten, daß die Fußballmannschaft im Gegensatz zu den Turnern mit unbedecktem Knie zu spielen habe. Eine kühne Entscheidung, für die zunächst eine natürliche Schamschwelle zu überwinden war.

Inzwischen ist das Herrenknie in seiner Nacktheit akzeptiert, wenn auch nicht ausgeschlossen werden kann, daß durch die Entblößung ungewöhnlich schöner Herrenknie Schiedsrichter und Publikum nun nicht mehr unbefangen sind.

Des weiteren wurden in Zusammenarbeit mit dem Deutschen Fußballbund Spielregeln erarbeitet, die im Lauf des Jahrhunderts nun ihre endgültige Logik und Präzision erhalten haben, aber, wie ich meine, doch noch gewisse Zweifel offenlassen. Siehe Regel 4 auf Seite 21 der allgemeinen Regeln des Deutschen Fußballbundes:

»Das Spielen ohne Schuhe ist nicht erlaubt. Aber«, so heißt es weiter, »verliert ein Spieler im Zusammenhang mit der Torerzielung einen

Schuh, ist das Tor anzuerkennen.« Klar... aber muß nun der Schuh oder der Ball ins Tor?

Und wie versteht sich die Seite 40? Dort liest man: »Die Spieler dürfen ihre Freude nach einem Treffer zeigen. Sie werden jedoch vom Schiedsrichter mit der gelben Karte verwarnt, wenn sie die Zäune hinaufklettern oder ihre Hemden ausziehen.«

Das ist nicht eindeutig. Was ist denn mit der Hose? Darf ein freudig erregter Spieler zwar nicht das Hemd ausziehen, wohl aber die Hose fallen lassen? ... Wenn ja ... die eigene oder die des Gegners?

Nachdenklich stimmt auch die Regel 2; sie lautet: »Wenn der Ball platzt, muß das Spiel unterbrochen werden.« Da fragt man sich doch: Ist der Ball wirklich so wichtig? Sicher ist, er gerät leicht ins Rollen und bringt dadurch eine ständige, aggressive Unruhe ins Spiel. Wäre es im Interesse eines friedlichen Nebeneinanders der Völker möglicherweise vernünftiger, von vornherein auf einen Ball zu verzichten?

Hierher gehört auch eine weitere Frage: Welches ist der wichtigste Körperteil des Fußballspielers und sollte daher vorrangig geschützt werden? Jahrelang glaubte ich – und der Irrtum ist verzeihlich –, das sei das Bein, wahlweise auch der Fuß.

Bis man mich eines Besseren belehrte: »Fußball wird im Kopf entschieden.«

Somit verdient in erster Linie das Hirn des Spielers Schutz und Sicherheit. Aber seltsam, nie hat man einen Fußballspieler um seinen Kopf besorgt gesehen. Auch wenn der Ball aus Kirchturmhöhe niederkommt, sind die emporgereckten Schädeldecken meist nur von lichtem Haarwuchs abgesichert, keine Hand hebt sich zum Schutz der Fontanelle. Im Gegenteil: Der Spieler lechzt nach härtester Begegnung zwischen Ball und Stirn.

Ganz anders entwickelt sich die Szene beim direkten Freistoß auf das Tor. Eine lebende menschliche Mauer stellt sich dem Schuß des Gegners, und wie auf Kommando legen sich unterhalb der Leibesmitte alle Hände sorgsam aufeinander, zum Schutz des edelsten Bereichs. Auf alle Fälle ist das nicht der Kopf.

Nun bitte ich Sie, sich zwanglos umzusehen. Nein, Sie irren sich nicht, Sie sitzen im Prinzregententheater. Aber was verschlug Sie in diese ungewohnte Umgebung? Nun, das war kein Zufall.

Als traditionsreiches Opernhaus ist dieser Raum wie kein anderer geeignet, vor allem die gesanglichen Verdienste des FC Bayern zu würdigen. Als weltberühmter Laienchor begeistert er bei passenden Gelegenheiten mit nur elf Stimmen ein Millionenpublikum durch Absingen einer einzigen, stets gleichen Hymne... und nach ausreichendem Applaus sieht man als Zugabe... live!... auch noch ein Fußballspiel!

Die relativ hohen Sängerhonorare sind der stimmlichen Leistung wohl angemessen, nur wäre es jetzt an der Zeit, dem hinlänglich bekannten Text unserer Nationalhymne bei gleicher Melodie endlich seine historische Urfassung zurückzugeben. Immerhin war das mal die alte Hymne Österreichs mit den Worten: »Gott erhalte Franz den Kaiser.«

Die überragende Bedeutung eines Fußballvereins liegt jedoch nicht nur auf musikalischem Gebiet. Es ist vielmehr die familiäre oder menschlich-kommunikative Seite, auf die der Fußball entscheidend Einfluß nimmt.

Wer etwa anläßlich einer Fußballübertragung im Freundeskreis an falscher Stelle jubelt, riskiert, erwürgt zu werden.

Ohnehin sollte sich in unserem Freistaat kein Brautpaar standesamtlich oder kirchlich trauen lassen, ohne zuvor ein gemeinsames Gelöbnis für oder gegen den FC Bayern abgelegt zu haben.

Man hat mich ausdrücklich gebeten, nicht durch eine Aufzählung großer Namen und legendärer Erfolge des FC Bayern die Geburtstags-

gäste in eine zeitraubende Applausschleife hinein-
zutreiben. Nur so viel sei gesagt:

Ein herausragendes Ereignis unseres gefeierten
Vereins fällt bereits in die frühen Jahre des vergangenen Jahrhunderts. Damals gelang es zum ersten
Mal, eine englische Mannschaft zur Kraftprobe
nach München zu locken. Die Gastgeber gaben
ihr Bestes und erzielten auf eigenem Platz ein
schmeichelhaftes 0:8.

Seitdem haben sich die hundertjährigen Bemühungen mehr als gelohnt. Der FC Bayern besitzt heute die bedeutendste Salatschüsselsamm-
lung Europas.

Auch in meinem Leben war es ein stolzer Augenblick, als ich auf dem Münchner Hauptbahnhof um ein Autogramm gebeten wurde, in der Annahme, ich sei Udo Lattek.

Wenn ich noch kurz auf das politische Be-
kenntnis unserer Jubelelf zu sprechen kommen
darf: Alle Angriffe werden zwar auf grünem Platz,
aber ebenso über die linke, wie über die rechte
Seite vorgetragen. Das muß genügen.

Was ist das Geheimnis des Fußballs?

Nach den Fußballregeln des Deutschen Fußballbundes ist der Ball regelgerecht, wenn er ku-
gelförmig ist. Ende des Zitats.

Das ist es! Die Kugel hat, wie man weiß, die

ideale räumlich-geometrische Figur, die bei kleinster Oberfläche den größten Inhalt besitzt.

Also berechnet der Fußballspieler den Fußball ganz einfach nach den beiden Formeln 4 Pi mal R^2 und $^4\!/_3$ Pi mal R^3, wobei man unter Pi die Zahl versteht, mit der ein Fußballspieler den Balldurchmesser zur Errechnung des Ballumfanges multipliziert. Das Leder tritt sich dann ganz leicht ins Tor…

Herzlichen Glückwunsch!

ROBERT GERNHARDT
Ein Leseabend

Als man mir nahelegte, hier das Wort zu ergreifen, war mir nicht klar, auf was ich mich da einlasse. Auf eine Einführung?

Eine Einführung ist zweckdienlich, wenn eine Künstlerin aus Nowosibirsk zur Adventsfeier einer Münchner Immobilienfirma Verse in sibirischer Mundart vorträgt.

Robert Gernhardt führt man nicht ein. Seine Fangemeinde ist unabsehbar. Sein Wortschatz hat seit Jahrzehnten die deutsche Umgangssprache bereichert, die feinsten Feuilletons flochten ihm Kränze, und wir freuen uns, daß er gekommen ist.

Auch bedürften wir keiner Schilderung seines Lebensweges... wenn da nicht eine seltsame Lücke klaffte. Etwa von der Schulreife an sind wir informiert. Aber davor, was war davor?

Da der Künstler sich dazu nicht äußerte, sind wir auf Recherchen und Mutmaßungen angewiesen.

Robert Gernhardt kam, soviel ist sicher, 1937 in Reval auf die Welt, in Estland also, einem Land, auf das ich gelegentlich in Kreuzworträtseln stoße und dessen Bewohner – ich bin mir da nicht sicher – sich Estländer nennen, Estner oder Estler.

Gleichwohl, sie erscheinen mir als eine Art arktischer Orientalen, deren erotische Wunschvorstellung im Gewoge des Finnischen Meerbusens gipfelt.

Dort lag auch, so wird berichtet, im Uferschilf der kleine Robert. Verschleppt von einer Wölfin, die ihn eine gute Woche nährte, ihm dann aber die Brust entzog, als sie erfuhr, daß Rom schon längst gegründet war.

Zum Glück kam wenig später ein mißgelaunter Bär des Weges. Er hatte bei seinem täglichen Rundgang durch die Innenstadt von Reval alle Mülltonnen umgestoßen, doch nichts gefunden, womit er seiner Familie hätte imponieren können.

Was hier nun zwischen seinen Füßen lag, hatte er noch nie gesehen. Er brachte es nach Hause und geriet auf die Frage, was das sei, ziemlich in Verlegenheit. Schließlich verwies er auf den fehlenden Pelz des Wesens.

Das sei ein Rohbär, sagte er. Die Familie glaubte ihm zwar kein Wort, aber das Kind behielt diesen Namen.

Als Rohbär sechs Jahre später mit einer Tanz-bärengruppe in Posen auftrat, entdeckte ihn dort seine Mutter. Diese empfand die vermeintlich französische Aussprache seines Namens als geziert und nannte ihn »Robert«. Alles weitere ist bekannt. Eine harmonische Kindheit also bei naturbelassener Erziehung, ohne frühkindliche Schädigung durch die Eltern.

Dies sind die Wurzeln eines Künstlers, der auf seine Weise zum Klassiker geworden ist, ja, der sogar seine klassischen Wegbereiter in neuem Licht erscheinen läßt.

So finden sich bei Friedrich Schiller die Worte: »Ernst ist das Leben, heiter ist die Kunst.« Und bei Robert Gernhardt liest man in anderem Zusammenhang: »Mein Gott, ist das beziehungsreich, ich glaub', ich übergeb mich gleich.« Schiller geht es nur um die Kunst und das Leben. Gernhardt greift weiter. »Mein Gott«, beginnt er unter Anrufung des Höchsten und preist dann die Welt des Geistes mit den Worten »ist das beziehungsreich«. Schließlich findet er über den Glauben Erleichterung: »Ich glaub', ich übergeb mich gleich.«

Selten, so meine ich, haben sich zwei Meister der Sprache über Generationen hinweg so sinnvoll ergänzt.

Das Beispiel soll genügen. Ein Schweizer Kritiker schrieb schon 1987 in der *Neuen Zürcher Zeitung:* »Niemand möge sich anmaßen, über diesen Autor geistvoller und scharfsinniger schreiben zu wollen, als er selbst.« Mein Gott, ist das beziehungsreich! Aber recht hat er.

Eins sei noch gesagt: Ich danke Robert Gernhardt für das unmäßige Entzücken, das er mir seit Jahrzehnten bereitet.

Ich liebe und bewundere seine Prosa, die Zeichnungen und seine Gedichte, die sich allen modischen Anfechtungen beharrlich verweigern, Gedichte, die weite Bögen schlagen von böser Komik über Lust und Trauer bis zu bewältigter Todesangst, Gedichte eines Lyrikers von hohen Graden, der seiner ihm zugewiesenen Schublade seit langem entflogen ist.

Das Tier und sein Mensch

Wer Stefan Moses bei der Arbeit beobachtet, gerät unversehens in den Sog jenes leisen beharrlichen Wahnsinns, mit dem ein großer Fotograf die lebenden Objekte seiner Begierde gefügig, wenn nicht wehrlos macht. Er lächelt gütig. Durch viele sanfte, zustimmende Worte entsteht der trügerische Eindruck eines Gesprächs, als habe das fotografische Opfer noch einen eigenen Willen, als habe es zu seiner Selbstdarstellung noch irgend etwas beizutragen. Letzte Widerstände und anfängliche Wachsamkeit wandeln sich zu einer Atmosphäre hilflosen Vertrauens.

Augenblicke später schmiegt sich vor der Kamera ein Ehepaar unter Mißachtung einer in Jahrzehnten gewachsenen Abneigung leidenschaftlich aneinander. Ja, es ist sogar bereit, den Vorgang beliebig oft zu wiederholen. Wider Erwarten enthüllt das Ergebnis (ein Abzug im Format 24 × 30, schwarzweiß, Hochglanz) die Spuren gemeinsam verkorkster Jahrzehnte. Stefan Moses beherrscht die psychologischen und hypnotischen Mittel,

Menschen und anderen Wirbeltieren die verlorene Natürlichkeit zurückzugeben.

Mir gelingt das so gut wie nie. Kaum richte ich meine Rolleiflex, ein etwas umständliches, aber verläßliches Gerät aus dem Jahre 1952, auf ein lebendes Motiv, versagt mir dieses jeden Respekt. Menschen beginnen artfremd zu grimassieren, äußern sich in verletzenden Kommentaren oder verlieren die Kontrolle über ihre gewohnten Bewegungsabläufe. Anwesende Tiere erscheinen gleichermaßen verhaltensgestört. Anton, ein sonst sehr besonnener, nachdenklicher Hund, knurrt ins Objektiv (Schneider Xenar, 1:3,5) unter leichter Anhebung der Oberlippe. Paul, ein Mops vertrauenerweckender Abstammung, verschränkt die Ohren über dem Kopf und offenbart sein Gesäß, das infolge der natürlichen Öffnung nicht zu den gängigen Motiven gehört.

Die Verweigerungsrituale bei Tier und Mensch sind demnach unterschiedlich. Auch der hingehaltene Kalbsknochen ist bei Herr und Hund nicht gleichermaßen wirkungsvoll. Und doch gelingt es dem virtuosen Fotografen beim Portrait des Löwenbändigers, der sein Haupt schräg zwischen die Zähne seines Zöglings bettet, auch noch die Hintergründe der Beziehung aufzuspüren und seelische Spannungsfelder im Mienenspiel der Partner nachzuweisen. Da sind Kunst und Geduld gefordert. Ein falscher Blick, das Tier schließt mißgelaunt den Rachen, und schon wirkt das Lächeln des Artisten seltsam abgebrochen. Ein Betriebsunfall, und doch, rechtzeitig abgelichtet, ein rares Dokument der Wahrheit: Fotografenglück.

Das Tier und sein Mensch. Der Titel dieses Bandes macht unsicher. Auf den ersten Blick vermutet man die schicksalhafte Zugehörigkeit. Auf den zweiten ist der Mensch bereits Eigentum des Tieres. Mir ist die letztere Version vertrauter. Seit Jahrzehnten bestimmen die Verdauungsrhythmen dreier Hunde das gesellschaftliche Leben der Familie. Sie zwingen uns, nach kulturell genutzter Freizeit hastig heimzukehren, nötigen zum Aufenthalt im Freien, nächtlich bei ungünstiger Witterung.

Stefan Moses, der Fotograf und Psychologe, kennt diese einseitige Betrachtungsweise nicht. Zarter Hand begleitet er das empfindliche Miteinander, ohne Gut und Böse, Tragik oder Komik zum Programm zu machen. Mit jedem Foto erzählt er eine Geschichte aus der Manege des verlorenen Paradieses, vielleicht in der Hoffnung, daß einmal Tier und Mensch gemeinsam durch den Reifen springen.

MÖPSE & MENSCHEN

Was meinen autobiographischen Versuch von anderen unterscheidet, ist die Absicht, mich in möglichst vorteilhaftem Licht erscheinen zu lassen. Der Leser wird also nichts über meine jahrelange Tätigkeit für den sowjetischen Geheimdienst erfahren, nichts über die Tatsache, daß ich gelegentlich (in netter Form) vollbesetzte Verkehrsflugzeuge zur Kursänderung zwinge, auch nichts über meine unglückliche Neigung, Säuglinge zu verzehren, vorausgesetzt, daß sie schmackhaft zubereitet sind.

Statt dessen nehme ich die Gelegenheit wahr, auf das uralte Geschlecht hinzuweisen, dem ich angehöre, dem männlichen nämlich, und erhärte mit einigen entzückenden Kinderbildern die Vermutung, auch ich sei einmal klein gewesen. Verblüfft stellte ich bei der Durchsicht meiner Privatfotos fest, wieviel größer und schöner ich im Lauf der Jahrzehnte geworden bin, nur übertroffen von jenen Lebensgefährten, denen ein wesentlicher Teil dieses Buches gewidmet ist: meinen Möpsen.

Als Folge einer sonderbaren Laune der Natur

sind diese Geschöpfe fast unseresgleichen, nur eben nicht Menschen, sondern Möpse. Das ist kein Nachteil. Menschen, die meine Möpse und ihre Lebensweise kennen, äußern gelegentlich den Wunsch, mit ihnen tauschen zu dürfen (ich nehme mich da nicht aus). Dennoch muß in diesem Zusammenhang daran erinnert werden, wie schwer in unserer Gesellschaftsordnung schwächere Gruppen um ihre Anerkennung zu kämpfen haben. Die Frau, beispielsweise, vermochte erst nach Jahrtausenden der Unterdrückung eine Position einzunehmen, die ihr seit jeher zustand. Heute ist sie aus dem privaten und öffentlichen Leben kaum mehr wegzudenken.

Nicht so der Mops. Ihm wurde trotz einer viertausendjährigen ruhmreichen Vergangenheit nahezu alles vorenthalten, was an sozialen Verbesserungen erarbeitet worden ist. Das öffentliche Leben geht am Mops vorbei. Es hat keinen Zweck, diese deprimierende Tatsache beschönigen zu wollen.

Dem Menschen von heute fällt daher die Aufgabe zu, dem Mitmops zumindest Verständnis für seine Probleme entgegenzubringen. Nur so hat der Mops die Chance, seinen Platz in unserer Gesellschaft zu definieren. Die Zeit drängt. Wenn der Mops erst durch die Gleichgültigkeit der verantwortlichen Kreise in den Untergrund ausweicht und dort eine unheilvolle Aktivität entwickelt, ist es zu spät.

Meine sechzehnjährige Erfahrung mit Möpsen stützt sich nicht nur auf familiäre Beziehungen, sondern auch auf häufige berufliche Zusammenarbeit. Der Betrachter dieses Buches wird den Mops im Einsatz am Nordpol erleben, auf dem Mond und in einer seltenen Abart als gehörnten König des Waldes, aber auch im Familienkreis und als geduldiges Motiv fotografierender Journalisten. Bei geeigneter Fortbildung und sinnvoller Tätigkeit erweist sich der Mops ohnehin dem Menschen überlegen. Beispielsweise ist er in der Lage, auf einem festlich gedeckten Tisch herumzulaufen, ohne etwas umzustoßen. Auch vermag er ein halbes Pfund entwendeter Markenbutter auf einen Sitz zu verzehren, ohne Schaden an seiner Gesundheit zu nehmen. In Anbetracht seines edlen Herzens stellt sich die Frage nach äußerer Schönheit nicht. Schon die Schwanzhaltung des Mopses deutet auf Verinnerlichung.

Diese Darstellung sollte alle Fragen nach Gründen zur Wahl des Buchtitels hinreichend beantworten. Natürlich muß ich mit rassistischen Vorurteilen rechnen. Lesern aus diesen Kreisen darf ich die Betrachtung der Bilder meiner Vorfahren und der engeren Familie empfehlen. Letztere haben, was ich nicht ohne Wehmut feststelle, mit Möpsen wenig gemeinsam.

VIER BEINE INSGESAMT

»Von allen Seiten schön«, heißt die Ausstellung
im Alten Museum. Ein Titel, wie er im Hinblick
auf eine Mopshündin nicht treffender sein könnte.
(Hier ist nicht der Ort, den Begriff »schön« zu
definieren. Natürlich ist auch die Venus von Milo
schön. Aber die hat eben doch nur zwei Beine,
von den Armen ganz zu schweigen.) Die Mopshündin ist seit einigen Jahrhunderten in Kassel
beheimatet, stammt jedoch mit ziemlicher Sicherheit aus München. Gefertigt um das Jahr
1600, steht sie auf der Nahtstelle eines bedeutenden kulturellen Umbruchs. Während die Hinterbeine sich anschicken, die Renaissance zu verlassen, sträuben sich die Vorderbeine, das Barock zu
betreten. Vier Beine also insgesamt. Ein Zeugnis
für die ungewöhnlich präzise Beobachtungsgabe
des Künstlers, der das Tier während der Arbeit
offensichtlich vor Augen hatte. Die Füße der
Möpsin sind in höfischer Tradition leicht aus-
wärts gestellt. Ein Hinweis auf längeren Aufenthalt in fürstlichen Familien, wenngleich im übri-

gen keine weitere aristokratische Degenerationserscheinung zum Ausdruck kommt. Lediglich die Ansicht von hinten gemahnt an ein seit Jahrhunderten tradiertes Schönheitsideal: der Schwanz bleibt in straff geschlossener Spirale bei gleichzeitiger Freigabe der rückwärts gerichteten Darmöffnung ganztägig erhoben. Am anderen Ende befindet sich der Kopf. Ein Arrangement, das sich im Lauf der Zeiten als zweckmäßig erwiesen hat. Im ganzen gesehen ist das Bildwerk zehn Zentimeter höher und länger als alle bekannten Möpse. Mit dieser Monumentalisierung wird eine Besonderheit der Gattung Mops verdeutlicht: irrtümlich halten sich Möpse selbst für groß.

Aus gutem Grund ist der Name der Möpsin nicht überliefert. Man weiß, daß Möpse infolge ihres hohen Intelligenzgrades niemals auf die Nennung ihres Namens reagieren, was auch für das besprochene Exemplar zutrifft.

Man kann so viel lernen von Möpsen.

Gereimtes und Ungereimtes

EIN DEUTSCHES KINDERLIED

Denk immer dran, mein liebes Kind,
daß Deutsche unvergleichbar sind.

Wir sind nicht einfach Lebewesen
wie beispielsweise die Chinesen,
Amerikaner und Franzosen
und all die vielen Namenlosen.

Nur eine Art lebt hier auf Erden,
die kann an uns gemessen werden:
Merk Dir, mein Kind, das sind gesunde
stubenreine Schäferhunde.

DES ERNSTES KUNST

Also ich persönlich würde sagen, daß des
Lebens ... also des Ernstes Lebens ...
auch heiter ist wie die Kunst ...
also des Ernstes Kunst auch heiter ist
wie des Ernstes Leben ... Lebens ...
das ist jedenfalls meine persönliche Meinung.

MELUSINE

Melusine
Kraweel ... Kraweel! ...
taubtrüber Ginst am Musenhain,
Trübtauber Hain am Musenginst ...
Kraweel! ... Kraweel!

MÄNNER UND FRAUEN

Männer und Frauen
passen einfach nicht zusammen.

ZEIT UND RAUM

Früher war der Adler der König der Lüfte,
heute ist es der Mensch. Er überwindet Zeit
und Raum, wobei es ihm als einzigem Lebewesen
dieser Erde gelingt, während des Fluges
eine warme Mahlzeit einzunehmen.

SINNLOS

Ein Leben ohne Möpse
ist möglich, aber sinnlos.

WUNDERBAR

Ein Blatt hängt neben dem anderen
so klein und grün
eins fällt vom Baum
wie ein Fisch
oder wie ein Vogel
der an unsere Tür klopft…
Wunderbar ist das alles!

ADVENT

Es blaut die Nacht, die Sternlein blinken,
Schneeflöcklein leis herniedersinken.
Auf Edeltännleins grünem Wipfel
häuft sich ein kleiner weißer Zipfel.
Und dort vom Fenster her durchbricht
den dunklen Tann ein warmes Licht.
Im Forsthaus kniet bei Kerzenschimmer
die Försterin im Herrenzimmer.
In dieser wunderschönen Nacht
hat sie den Förster umgebracht.
Er war ihr bei des Heimes Pflege
seit langer Zeit schon sehr im Wege.
So kam sie mit sich überein:
am Niklasabend muß es sein.
Und als das Rehlein ging zur Ruh',
das Häslein tat die Augen zu,
erlegte sie direkt von vorn
den Gatten über Kimm und Korn.

Vom Knall geweckt rümpft nur der Hase
zwei-, drei-, viermal die Schnuppernase
und ruhet weiter süß im Dunkeln,
derweil die Sternlein traulich funkeln.
Und in der guten Stube drinnen,
da läuft des Försters Blut von hinnen.

Nun muß die Försterin sich eilen,
den Gatten sauber zu zerteilen.
Schnell hat sie ihn bis auf die Knochen
nach Waidmanns Sitte aufgebrochen.
Voll Sorgfalt legt sie Glied auf Glied
(was der Gemahl bisher vermied) –,
behält ein Teil Filet zurück
als festtägliches Bratenstück
und packt zum Schluß, es geht auf vier,
die Reste in Geschenkpapier.
Da tönt's von fern wie Silberschellen,
im Dorfe hört man Hunde bellen.
Wer ist's, der in so tiefer Nacht
im Schnee noch seine Runde macht?
Knecht Ruprecht kommt mit goldnem Schlitten
auf einem Hirsch herangeritten!
»He, gute Frau, habt ihr noch Sachen,
die armen Menschen Freude machen?«
Des Försters Haus ist tief verschneit,
doch seine Frau steht schon bereit:
»Die sechs Pakete, heil'ger Mann,
's ist alles, was ich geben kann.«
Die Silberschellen klingen leise,
Knecht Ruprecht macht sich auf die Reise.
Im Försterhaus die Kerze brennt,
ein Sternlein blinkt – es ist Advent.

KLEINER OPERNFÜHRER

GEORGES BIZET

Carmen

In dieser Oper opfert der spanische Sergeant Don
José seine militärische Karriere und gesicher-
ten Pensionsanspruch für Carmen, eine Dame aus
der Zigarettenindustrie mit zweifelhaftem Ruf
und häufigem Partnerwechsel. Das ist auch für
Nichtraucher ein interessanter Fall im Rahmen
der weltweiten Gefährdung des Mannes durch die
Frau.

Unglücklicherweise tritt ein Torero an die
Rampe, dessen körpernahe Degenführung Car-
men mehr imponiert als Don Josés schlapper
Säbel.

Das in launigen Versen gereimte Couplet des
Stierkämpfers, mit wechselndem Stand- und Spiel-
bein vorgetragen, erzählt von der Lust, spanisches
Rindvieh umzubringen.

Don José ist bereit, an der Seite der Geliebten
ein neues berufliches Risiko als ungelernter
Schmuggler einzugehen. In dieser ungeeigneten
Phase seines bürgerlichen Werdegangs nimmt er
sich Zeit für das Absingen einer ohnehin schon
ziemlich bekannten Opernarie.

Anna Bolena

Meine sehr verehrten Damen und Herren,
auch anläßlich eines Opernabends kann, nach
einem Seitenblick auf Ihren Partner, die Überlegung Raum gewinnen, wie diesem sinnentleerten
Lebensbund wirksam zu entkommen sei.

Ohne Ihrer Phantasie vorgreifen zu wollen,
verweise ich da auf den englischen Monarchen
Heinrich VIII., der sein Eheproblem mehrfach auf
rigorose Weise löste.

Eine der betroffenen Damen, Anna Bolena,
wurde noch nach ihrem vorzeitigen, gewaltsamen
Ableben Titelheldin in Donizettis gleichnamiger
Oper. Dies nur als Anregung.

Der Liebestrank

Der Liebestrank ist sowas Ähnliches wie *Tristan
und Isolde,* nur in netter Form und halb so lang.
Hier wie dort geht es um ein Getränk, nach dessen Genuß der dringende Wunsch entsteht, sich
fortzupflanzen.

Bei Wagner stammt die riskante Mixtur bezeichnenderweise aus dem Medizinschränkchen von Isoldens Mutter. In Donizettis Oper werden dem Landwirt Nemorino von einem fahrenden Quacksalber zwei Flaschen dünnen Rotweins angedreht. Aber anders als Tristan behält Nemorino Leben, Lust und Libido, was letzten Endes gegen Mütter und für Rotwein spricht.

La Favorita

Es dreht sich da um einen Skandal, den heutzutage die Medien aus Gründen vereinbarter Diskretion nicht ausschlachten würden. Hier der einfache Sachverhalt im Rahmen zeitgenössischen Musiktheaters:

Ein noch in der Ausbildung befindlicher Gottesmann verliebt sich auf dem Kirchentag in eine unbekannte Blondine und erfährt zu spät, es handele sich um die Freundin des Bundespräsidenten. Verwirrt verläßt der Novize sein Kloster und wird Bundeswehroffizier.

Schließlich ist die Blondine verblichen, der Offizier wird befördert und der Präsident bleibt im Amt.

Klar.

Andrea Chenier

Eine Oper, die sich mit der Französischen Revolution beschäftigt, hat ein Problem: die Enthauptung des Titelhelden.

Denn auch für Sänger ist der Kopf ein wichtiger Körperteil, ohne den die Stimme sich nur mangelhaft entfaltet.

Aus diesem Grunde singt in Giordanos Musikdrama der Tenor seine letzte Arie schon bevor sein Haupt in die Kulisse rollt.

Aus Gründen der Ausgewogenheit kommt auch sein politischer Gegner zu Wort: Gérard, Revolutionär und ehemaliger Hausdiener, unterschreibt das Todesurteil.

Mit Personal hat man eben nur Ärger.

CHARLES GOUNOD

Faust

Das Drama um Faust und Gretchen ist über die Jahre erstaunlich aktuell geblieben.

Bejahrte Männer, die mit Eintritt in den Ruhestand einen erneuten Ausbruch des alten erotischen Jagdfiebers erwarten, sind, das können Sie mir glauben, auf den Pakt mit dem Teufel oder Tabletten angewiesen.

Von Goethe gibt es die ganze Affaire in einer weitschweifigen, seltener gespielten Bearbeitung ohne Musik.

Georg Friedrich Händel

Caesar in Ägypten

Zu Beginn der Oper erhält der verblüffte Caesar das vom Rumpf getrennte Haupt des Feldherrn Pompejus als Geschenk verpackt.

Caesar empfindet das als ungehörig, zumal Frau Pompejus, die ahnungslose Gattin des Geköpften, grade auf einen Tee vorbeigekommen ist.

Nach zweieinhalb Stunden Barockmusik liegen die Schuldigen in ihrem Blut, Kleopatra wird Königin von Ägypten und Freundin Caesars.

Ein normaler globaler Alltag also.

RUGGIERO LEONCAVALLO

Bajazzo

Ehetragödien ohne Gesang werden heute kaum noch ernst genommen. Wirklich erschütternde Auseinandersetzungen dieser Art bleiben der Opernbühne vorbehalten.

In Leoncavallos *Bajazzo* erwischt Canio, der Inhaber und Hauptdarsteller einer dörflichen Wanderbühne, seine Gattin in flagranti mit einem gewissen Silvio. Einer der seltenen Fälle, in denen der Tenor gegen einen Bariton den kürzeren zieht.

Canio beginnt seine verzweifelte Arie mit den Worten: »Recitar! Mentre preso dal delirio – Jetzt spielen, wo mich Wahnsinn umkrallt …«, in einer Stimmung also, die unter Bühnenkünstlern weit verbreitet ist.

WOLFGANG AMADEUS MOZART

Die Entführung aus dem Serail

Dieses Singspiel spielt in der Türkei, wo sich seinerzeit viele Türken aufhielten.

Man erlebt zunächst einen spanisch-katholischen Gärtner, dem es gelingt, einen strenggläubigen türkischen Hausmeister zu alkoholisieren, um zwei christlichen Damen die Flucht zu ermöglichen. Sodann, eine Arie später, schwört der ernüchterte Moslem Rache.

Es spräche vieles dafür, Nah-Ost-Konflikte auch heute durch das Absingen von Arien auszutragen.

Figaros Hochzeit

In Mozarts Werk beharrt der (verheiratete) Vorgesetzte des Bräutigams auf dem Jus primae noctis, dem Recht nach Gutsherrenart auf die erste Nacht mit der Braut, und eröffnet damit ein ebenso chaotisches wie kostspieliges Musiktheater.

In dem dreistündigen Eifersuchtsdrama wird zwar mehr gesungen, als es bei ehelichen Auseinandersetzungen sonst üblich ist, aber im Grunde hat sich in diesem Punkt bis heute kaum was geändert. Nur macht man eben nicht jedesmal eine Oper draus.

Così fan tutte

Die Oper *Così fan tutte* des in Österreich sehr bekannten Komponisten Mozart ist derart unanständig, daß sie in Deutschland meist italienisch gesungen wird.

Ein erfahrener älterer Mann wettet mit zwei jüngeren, daß ihre beiden Bräute – wie alle Frauen – durch andere Männer jederzeit verführbar seien. Die Wette gilt.

Beide Herren verabschieden sich von ihren Verlobten mit der Behauptung, die Pflicht riefe sie auf einen fernen Kriegsschauplatz. Zwanzig Minuten später kehren sie mit angeklebten Bärten als zugereiste Ausländer zurück und bedrängen die Damen, was das Zeug hält. Ich sage es ungern, aber noch vor Ende der Oper haben beide Liebhaber, unterstützt von der Kammerzofe, jeweils die Braut des andern rumgekriegt.

Man versteht die Äußerung des empörten Beethoven, ihm wäre zu dieser unpassenden Geschichte keine Note eingefallen. Aus heutiger Sicht sieht die Sache allerdings anders aus: Die Damen haben nur bewiesen, daß sie nichts gegen Ausländer haben.

Titus

Unter Cineasten hält sich der Irrtum, es seien die meisten römischen Kaiser eigentlich amerikanische Filmschauspieler gewesen wie Rex Harrison und Peter Ustinov. Das ist zumindest ungenau. Titus beispielsweise war hauptberuflich Kaiser.

Im Jahre 79 wäre er fast einem Racheakt zum Opfer gefallen, als er auf der Suche nach einer neuen Gespielin eine paarungsfreudige Dame aus der besseren Gesellschaft verschmähte. Wir wissen das durch die Oper *La Clemenza di Tito* von Wolfgang Amadeus Mozart, dem Fachmann für schlüpfrige Operntexte.

Die Attentäter werden gefaßt, aber die Affaire endet gut. Monarchen haben in solchen Dingen einfach mehr Übung.

CARL ORFF

Carmina Burana

Die *Carmina Burana* von Carl Orff beruhen auf
einer Sammlung mittelalterlicher Lyrik und werden daher lateinisch und mittelhochdeutsch gesungen. Zum besseren Verständnis tragen sie den
Untertitel *Cantiones profanae cantoribus cantan-
dae collitantibus instrumentis atque imaginibus
magicis.*

Ja, da weiß man doch, woran man ist!

GIACOMO PUCCINI

Tosca

Sängerinnen haben gelegentlich das Bedürfnis, sich auch außerhalb ihres Berufes nützlich zu machen. Die bekannte Sopranistin Tosca, beispielsweise, erstach während der Bürozeit den triebhaften Polizeipräsidenten mit einem Brieföffner.

Kurz vor der Tat hadert Tosca mit dem lieben Gott, der sie, wohl versehentlich, in diese scheußliche Lage gebracht hat.

Natürlich darf dieser Fall nicht zur Regel werden, immerhin gibt es mehr Soprane als Polizeipräsidenten.

Madama Butterfly

Die Oper *Madama Butterfly* berichtet von den Folgen einer Vergnügungsreise per Schiff.

Ein gewisser Pinkerton, US-Amerikaner auf Kreuzfahrt durch die Inseln Ostasiens, nutzt den Landgang in Nagasaki, um eine fünfzehnjährige Japanerin spaßeshalber zu heiraten. Er begibt sich unter Hinterlassung anderer Umstände in die Staaten zurück, heiratet dort eine höhere Tochter und ankert drei Jahre später wieder in Nagasaki, um sein japanisches Kind abzuholen. Die Kindsmutter entleibt sich.

Ich denke, so was ist bei jeder Pauschalreise im Fahrpreis inbegriffen, und man soll auch nicht an allem herumnörgeln, was der Unterhaltung dient.

Turandot

Die Kenntnisse des Durchschnittsdeutschen von den Geheimnissen Chinas beschränken sich auf Frühlingsröllchen. Diese allein erklären die historische Bedeutung des Riesenreiches jedoch nur unvollkommen.

Der Italiener Puccini kommt mit seiner letzten Oper einer sensationellen Erkenntnis auf die Spur.

Turandot, als heiratsfähige Tochter des Kaisers von China, gibt den Bewerbern um ihre Hand drei Rätsel auf. Schon eine falsche Antwort hat die Enthauptung des Kandidaten zur Folge.

Dieser natürlichen Auslese bei der Gattenwahl ist unsere schlappe westliche Erotik einfach nicht gewachsen.

CAMILLE SAINT-SAËNS

Karneval der Tiere

Niemand hätte die beschwerliche Reise und den ungewohnten Kostümzwang auf sich genommen, wenn es sich nicht um ein kulturelles Ereignis von erregender Einmaligkeit handelte: den Karneval der Tiere.

Eine nicht mehr ganz junge Waldameise tippt dem vor ihr sitzenden Erdferkel auf die Schulter. »Entschuldigen Sie, ich kann nichts sehen, wenn Sie den Hut aufbehalten.« Mürrisch nimmt das Erdferkel seinen Kopfputz ab, ein sperriges Flechtwerk aus Spargelkraut und Hühnerfedern. Die Ameise bedankt sich und läßt den Blick über die Urwaldlichtung schweifen. 4791 seltsam kostümierte Tiere zählt sie allein auf den Sitzplätzen der Arena, ganz zu schweigen von unzähligen Affen und Vögeln, die sich in den überlasteten Wipfeln der Bäume drängen.

Soeben kommt eine leichte Unruhe auf, denn der Mond löst sich zum Zeichen des Beginns aus den Ästen des Mangobaumes. »Ich glaube, ich höre etwas«, sagt eine Taube, und sie hat so unrecht nicht, denn dort drüben neben dem Eingang, in den Zweigen der kahlen Eiche, setzen 64

Uhus ihre Instrumente an... und jetzt hebt der Marabu den Taktstock... die beiden Eichhörnchen an den Klavieren greifen in die Tasten... und da tritt *er* in die Arena, mit der ganzen königlichen Verwandtschaft, seine Majestät, der Löwe...

Königlicher Marsch der Löwen
Andante maestoso –
Allegro non troppo – Piu allegro

Der Löwe hat unter mäßigem Beifall zwei Runden abgeschritten und gelangweilt in die Menge gewinkt. Sodann hat er sich samt seiner Gattin, seinen drei Söhnen, einer Tochter, fünf Vettern und Cousinen sowie einer fehlfarbenen Tante auf den Ehrenplätzen niedergelassen und die Augen geschlossen.

»Kommen jetzt die Hühner?« fragt der Fuchs seine Lebensgefährtin. »Nimm dich zusammen«, will sie sagen, aber es verschlägt ihr die Sprache. Eine kunstvolle, fünf Meter hohe Pyramide aus 77 gutgewachsenen braunen Hühnern trippelt herein... auf ihrer Spitze balanciert ein Hahn im Kostüm des Kaisers Napoleon!

Hühner und Hähne
Allegro moderato – Animato

Die Hühner eilen erhitzt dem Ausgang zu, der

Hahn nimmt starren Auges den Applaus entgegen... und da stürmen sechs wilde Esel in die Manege...

Wilde Esel
Presto furioso

»Bravo«, applaudieren die Säugetiere, auch alle Fische, Vögel und Insekten. Nur ein auffällig nackter Mehlwurm schüttelt den Kopf und sagt: »*Ich* bevorzuge das Pariser Schildkröten Ballett... oh, sie kommen... sie kommen... seht nur, wie taktvoll sie die Beine heben!«

Schildkröten
Andante maestoso

Der Mehlwurm wirft den Schildkröten Kußhändchen zu. »Toll«, sagt er. Sein Nachbar, ein afrikanischer Elefant mit angeklebtem Schnurrbart, teilt diese Ansicht nicht: Einer Schildkröte fehle zum Tanz die nötige Anmut, meint er von oben herab und fügt hinzu, *er* kenne überhaupt nur eine einzige lebende Tänzerin von Format, seine Gattin nämlich... und da schwingt sie auch schon herein, in wehende weiße Schleier gehüllt, Kopf und Rüssel stolz erhoben, die Augen halb geschlossen in verhaltener Leidenschaft.

Der Elefant
Allegretto pomposo

»Na, was sagen Sie nun?« Der Elefant sieht dem
Mehlwurm scharf ins Auge. Dieser möchte weder
lügen noch den empfindlichen Elefanten unnötig
reizen, und so sagt er: »Tja ...« Der Elefant hat eine
Erwiderung auf der Zunge, aber ganz unerwartet
hüpfen Känguruhs mit weißen Häubchen zwischen die Reihen, um Erfrischungen anzubieten.

Känguruhs
Moderato

Ein verspätetes Nilpferd findet seinen Sitz in der
elften Reihe von einem Krokodil belegt, das zu
schlafen scheint. Einen Augenblick belauscht das
Nilpferd die gleichmäßigen Atemzüge des Kro-
kodils und nimmt dann vorsichtig auf dem unteren Ende des länglichen Tieres Platz.

Inzwischen haben vier Esel ein kugeliges Aquarium in die Manege getragen. Sieben lachsfarbene
japanische Schleierschwänze schwimmen darin im
Kreise und lassen silberne Bläschen steigen, wobei
sie zu lächeln versuchen.

Das Aquarium
Andantino

... Und während die Esel das Aquarium samt

Schleierschwänzen von dannen tragen, singen sie eine alte Weise von Liebe, Lust und Leid.

Persönlichkeiten mit langen Ohren
Tempo ad libitum

Ein Murmeltier hat sich die Ohren zugehalten. »Heute singt auch jeder Esel«, sagt es und beäugt den Kuckuck im schlecht sitzenden Federkleid, der für seine Gesangsdarbietung im höchsten Wipfel des Affenbrotbaumes Platz genommen hat.

Der Kuckuck
Andante

Der Kuckuck ist verstummt, und es herrscht tiefe Stille. Das Erdferkel hat verweinte Augen. Auch der Elefant ... auch das Nilpferd und der Fuchs ... die Ameise und der Mehlwurm auch ...

»Kommt jetzt der Schwan?« fragen drei junge Katzen. »Nein ... die Kolibris«, sagt die alte Katze ... »Seht nur ... 2000 Kolibris!«

Das Vogelhaus
Moderato grazioso

Und ... husch ... wie sie kamen, schwirren sie davon ... schräg durch die kahle Eiche, daß die 64 Uhus sich ducken müssen ... »Kommt jetzt der Schwan?« fragen die jungen Katzen. »Sitzt grade

und haltet den Schnabel«, sagt die Alte...
»Schaut!... Die beiden Eichhörnchen geben zwei
Wasserschweinen Klavierunterricht!«

Die Pianisten
Allegro moderato

Noch während die Eichhörnchen und Wasser-
schweine zierliche Verbeugungen machen, tritt
ein dicklicher Biber in die Runde.

Leider, so sagt er, finde der Gesang der Fossi-
lien nicht wie vorgesehen statt. Das hohe Alter
des einst weltberühmten Gesangsquartetts – man
spreche von mehreren Millionen Jahren – habe es
an der Reise gehindert. Zum Glück jedoch seien
die 64 Uhus bereit, die Fossilien-Schlager auf ihren Instrumenten vorzutragen. Er wünsche ange-
nehme Unterhaltung.

»Kommt jetzt der Schwan?« fragen die jungen
Katzen. »Pscht!« sagt die Alte.

Die Fossilien
Allegro ridicolo

Nach freundlichem Beifall, vornehmlich aus den
Reihen älterer Leguane, Nashörner und Schildkröten, nähert sich das Fest dem Höhepunkt: 29 Maulwürfe haben ein Bachbett vom nahen Urwaldsee
bis zum Rande der Manege gewühlt... und nun

löst der Biber das versteckte Wehr... gänzlich unerwartet wächst ein Teich inmitten der verblüfften Festgemeinde... und da kommt der Schwan hereingeglitten... im Mondlicht silberweiß... geschmückt mit duftenden Hibiskusblüten...

»Ein eitler Schwachkopf«, sagt der Fuchs. Doch niemand hört es.

Der Schwan
Andantino grazioso

»Da capo!« applaudiert ein gesprenkeltes Kaninchen... aber das Fest ist zu Ende. Schon gibt der Löwe das Zeichen zum Aufbruch. Der Marabu hebt noch einmal den Taktstock... die Eichhörnchen greifen in die Tasten... die Uhus fallen ein... der Löwe schreitet dem Ausgang zu... und mit ihm die Elefanten und Erdferkel, die Biber, Ameisen, Mehlwürmer, Maulwürfe, Känguruhs, Katzen und Schildkröten, die Esel, Hühner, Füchse und Kolibris... hüpfend und tirilierend entschwinden sie hinter Bäumen und Bergen, woher sie gekommen waren.

Finale
Molto allegro

Samson und Dalila

Der Komponist entnahm den Inhalt für seine Oper dem Alten Testament ... wie wir alle wissen: dem Buch der Richter, Kapitel 16, Vers 4 bis 30.

Gegen die übermenschliche Körperkraft Samsons sind seine Feinde machtlos. Man weiß jedoch um seine Schwäche für attraktive Frauen. Also wird die stadtbekannte Schönheit Dalila auf ihn angesetzt mit dem Auftrag, herauszufinden, wo die Wurzel seiner Kraft zu suchen sei.

Dalila muß nicht lange suchen. Nach dem Vorspiel, übrigens in b-Moll, entdeckt sie das Gesuchte in den Locken ihres Gastes. Noch schlafend wird Samson geschoren und mühelos überwältigt.

Daß Samson dann auch nach dem Verlust seiner Locken den Tempel der Philister mit bloßen Händen zum Einsturz bringt, mag ein Trost sein für alle, die den Verlust ihres Haupthaares zu beklagen haben.

Richard Strauss

Der Rosenkavalier

Dieses Werk hat ein ungewöhnliches Verdienst: es zeigt die Männer als solche von ihrer dämlichsten Seite. Nur der jugendliche Liebhaber hat unsere Sympathie, und den singt eine Frau!

Sonderbar: Man gewöhnt sich an alles…

GIUSEPPE VERDI

Ernani

Ernani hat als Verdi-Oper mit sechs Buchstaben einen gewissen Bekanntheitsgrad bei Rätselfreunden.

Es geht in diesem Werk um drei Herren, die alle an einem Knochen nagen: an Fräulein Elvira. Als besonders verbissen erweist sich ein gewisser Don Ruy Gomez de Silva, Elviras Onkel. Das könnte einem angesichts der Probleme, die zur Zeit die Welt bewegen, ja ziemlich egal sein, wenn nur der Onkel nicht so schön sänge.

Attila

Im Jahre 452 fielen die Hunnen unter König Attila in Oberitalien ein. Als sie zu Tausenden mit ihren Pferden die Straßen verstopften und in den Trattorien kein Platz mehr frei war, schlug die Geburtsstunde des modernen Fremdenverkehrs.

Leider ließ Attila seinerzeit das nötige Fingerspitzengefühl vermissen: Er begehrte Fräulein Odabella, die Tochter des einheimischen Landrates, zur Frau und wurde Opfer eines nächtlichen

Überfalls durch Foresto, Odabellas pingeligen Verlobten, der seine Braut auch in der Hochsaison mit keinem Hunnenkönig zu teilen wünschte.

Macbeth

Bekanntlich sind Frauen, was die abwägende Vernunft betrifft, dem Mann als solchem überlegen.

In Verdis Oper *Macbeth* bemängelt Lady Macbeth die Karriere ihres Ehemanns und rät ihm, seine Konkurrenten kaltzumachen.

Es erfolgt die Tötung des Vorgesetzten, Ermordung des hinderlichen Kollegen, Abschlachtung der Ehefrau eines guten Bekannten und ihrer schulpflichtigen Kinder. Das Ganze allerdings ohne Liebesakt, daher jugendfrei ab sechs Jahren.

Es ist dieser angeborene Sinn für das Praktische, der die Frau auch auf ihrem Platz in Politik und Wirtschaft unentbehrlich macht.

Rigoletto

Die Tragödie *Rigoletto* vollzieht sich am herzoglichen Hofe von Mantua, einer oberitalienischen Kleinstadt in der Po-Ebene.

Sie erreichen Mantua auf der A 22 über Brixen, Bozen, Verona, wählen vor Mantua die nördliche Ausfahrt und halten sich in der Altstadt links.

Dort finden Sie den Herzoglichen Palast. Der Herzog selbst paart sich mit jeder attraktiven Touristin.

Soviel zu *Rigoletto*.

La Traviata

In dieser Oper läuft ein junger Mann Gefahr, sich an der Seite einer ebenso lebenslustigen wie leidenschaftlichen Gespielin zu verzetteln. Auch das Eingreifen des Vaters macht die Sache nur noch schlimmer.

Interessant, wie sich im Lauf der Generationen ein Problem verschiebt:

Heute haben junge Menschen, wenn sie im richtigen Alter an einem PC mit Pentium-3-Processor, 500 Megahertz, ISDN-on-line Adapter und geräumiger Festplatte sitzen, nicht einmal Zeit zur Paarung!

Don Carlos

»Sie hat mich nie geliebt«, klagt der König von Spanien. Er meint Elisabeth, die Verlobte seines Sohnes, der seinerseits eine Prinzessin Eboli nie geliebt hat, die ihn jedoch liebt, wohl weil der König sie nie geliebt hat.

Auf Grund ihres intriganten Verhaltens wird Frau Eboli von Elisabeth nicht mehr geliebt, und leider wird im Verlauf einer verfehlten Europapolitik weder Don Carlos vom Vater noch der Vater vom Sohn geliebt. Nur Don Carlos' besten Freund, einen Marquis Posa, hat vorübergehend jeder lieb, zumal er sein Leben läßt.

Die Geschichte ist eindrucksvoll, aber mit Musik eben doch wohl besser als ohne.

Othello

Nur wenige Feldherren haben das Glück, lediglich durch die Erdrosselung der eigenen Gattin in die Geschichte einzugehen. Schade, möchte man sagen.

Der zugereiste Venezianer Othello ist hierfür das überzeugendste Beispiel.

Auch eine gewisse Liebe zur Musik gehört

wohl zu seinen privaten Neigungen. Denn Othello riskiert drei Stunden vor der Tat – unter den Augen der entsetzten Bevölkerung einer cyprischen Hafenstadt – trotz Gewitter und sturmgepeitschtem Meer eine nächtliche Bruchlandung, um Giuseppe Verdi den hochdramatischen Beginn seiner Oper zu ermöglichen.

Falstaff

Es ist kaum zu begreifen, warum sich gegen die diffamierende Darstellung des Mannes auf der Opernbühne noch kein Protest erhoben hat.

Es geht dabei nicht so sehr um Männer der Tat wie Othello, Bajazzo oder Don José, die sich jeweils ihrer Lebensgefährtin gewaltsam entledigen. Das ist ja zu verstehen und hat eine gewisse Größe.

Ganz anders aber liegt der Fall in Verdis letztem Werk, der Oper *Falstaff*. Hier besteht das gesamte männliche Ensemble fast ausnahmslos aus Betrügern, gehörnten Ehemännern, ungeschickten Verführern und korrupten Angestellten.

Schlimmer noch: Der übergewichtige englische Edelmann Sir John Falstaff beleidigt die Ehre im allgemeinen und seine eigene im besondern durch einen schamlosen Monolog. Die Ehre sei nichts als zwei Silben, man könne sie nicht einmal essen und daher gut auf sie verzichten. Diese Haltung ist schon empörend genug... muß dazu auch noch gesungen werden?

RICHARD WAGNER

Rienzi

Vor Jahren gewinnt in Rom ein parteipolitisch geschulter Jurist namens Rienzi die Wahl zum Volkstribun.

Der begabte Volksredner und friedliebende Sozialist setzt sich umgehend an die Spitze einiger Bataillone und vernichtet die ungeliebte kapitalistische Oberschicht.

Danach fleht Rienzi beim Allmächtigen um die Gunst, in Bayreuth auftreten zu dürfen. Diese Bitte wurde bis heute nicht erhört.

Tannhäuser

Es geht da um einen Berufssänger namens Heinrich aus dem anderen Teil Deutschlands, der sich davongemacht hatte, um sich anderweitig zügellosem Wohlleben hinzugeben, während Elisabeth, die Dame seines Herzens, jenseits der Grenze, in Eisenach verblieben war.

Unverhofft erfährt sie von seiner Absicht, heimzukehren, um anläßlich eines Minneliederabends wieder in Eisenach aufzutreten.

Voller Vorfreude eilt Elisabeth in die Halle, in der sie den Geliebten so oft hat singen hören. Sie hängt so ihren Gedanken nach, wobei ihr auch die überhöhten Baukosten des Kulturzentrums in den Sinn kommen: »Dich teure Halle grüß ich wieder.«

Lohengrin

Lohengrin hat sich kaum sehr beeilt, als ihn Elsa dringlich zu Hilfe rief. Nicht auf Adlersschwingen oder galoppierend zu Roß kommt er über die 2000 Kilometer, nein, stehend in einem Nachen, gezogen von einem Schwan.

Beförderungsmittel dieser Art waren schon anfangs des 10. Jahrhunderts veraltet und ließen vermuten, der Reisende lebe daheim in ärmlichen Verhältnissen.

Kein Wunder, daß Lohengrin sich jede Frage nach seiner Herkunft verbittet und in der Brautnacht einfach behauptet, er komme aus Glanz und Wonne. Eine halbe Stunde später erfährt man dann, er sei in Monsalvat zu Hause. Wem käme das nicht spanisch vor.

Die Meistersinger von Nürnberg

So nennt sich ein mittelalterlicher Handwerker-
verein, der nach Feierabend selbstkomponiertes
Liedgut pflegt. Ein schrecklicher Gedanke. Die
Laienkünstler singen zudem solo nach derart ver-
staubten Regeln, daß Neulingen jeder Ton im
Halse steckenbleibt. Glücklicherweise hat sich
Richard Wagner der Sache angenommen.

In nur viereinhalb Opernstunden verhilft ein
älterer Schuster der modernen Gesangskunst zum
Durchbruch und verzichtet auf eine sympathi-
sche Blondine. Dies tut er, wenn ich das Finale
richtig verstanden habe, für Deutschland.

Der Ring des Nibelungen

Die Täter im gewaltigsten Drama der Musik-
geschichte sind eigentlich ganz nette Leute. Nur
eine gemeinsame Leidenschaft wird ihnen zum
Verhängnis: Sie wollen mehr besitzen, als sie sich
leisten können, mehr Macht, als ihnen zusteht.
In blindem, lieblosem Gewinnstreben vernichten
sie sich selbst und ihre Welt.

Zum Glück gibt es ja dergleichen nur auf der
Opernbühne.

Das Rheingold

Der erste Teil der Tetralogie beginnt in jener vor-geschichtlichen Zeit, in der es noch möglich war, im Rhein zu baden. Getragen von 136 Takten in Es-Dur versinken wir über den Grund des Flusses an den Ursprung der Welt.

Mit dem Auftauchen der Rheintöchter, drei un-bekleideten, passionierten Schwimmerinnen, ist das Ende der Unschuld vorprogrammiert. Das be-kannte Gesangstrio singt ebensogut unter wie über Wasser und hört auf die Künstlernamen Woglinde, Wellgunde, Flosshilde. Unverantwortlicherweise sind die Damen mit der Bewachung eines hochbri-santen Wertobjektes, des sogenannten Rheingol-des, betraut, ohne im mindesten hierfür geeignet zu sein. Sie lassen sich vor Ort ansprechen von einem gewissen Alberich aus Nibelheim.

Die Damen wittern willkommene Kurzweil und treiben mit dem zwergenwüchsigen Voyeur ein aufreizendes, übles Spiel, wobei sie seinen Stolz als Liebhaber empfindlich verletzen. Schließlich geben sie in Kicherlaune auch noch das Betriebsge-heimnis preis: Maßlose Macht über die Welt fällt demjenigen zu, der das Rheingold zu einem Ring zu schmieden vermag und dafür zeitlebens auf Liebe verzichtet.

Kein Wunder: Alberich fühlt sich ohnehin um den erotischen Erfolg betrogen und greift statt dessen nach der Weltmacht. Er flucht auf die Liebe, raubt das Gold und verschwindet in Richtung Nibelheim. Das Unheil nimmt seinen Lauf.

Wenn die Rheintöchter, sagen wir mal... etwas entgegenkommender gewesen wären, hätte man sich drei weitere aufwendige Opern sparen können. Das sollte zu denken geben.

Szenenwechsel an die Erdoberfläche, in die noblen Regionen der Götter. Im Hintergrund erhebt sich ein Felsmassiv. Sein Gipfel hat durch einen voluminösen Neubau seine natürliche Schönheit eingebüßt.

Auf einer Wiese im Vordergrund schläft der Bauherr. Neben ihm erwacht seine Gattin Fricka und eröffnet mit den Worten »Wotan, Gemahl, erwache« eine dieser klassischen ehelichen Auseinandersetzungen, die dem Ehemann keine Chance bieten. Natürlich ist die Ehefrau im Recht... leider macht sie das nicht sympathischer. Was war geschehen?

Wotan ließ durch die Firma Fasolt & Fafner den aufwendigen Familiensitz Walhall errichten als Festung gegen die zerstörenden Mächte des Bösen, ohne seine Frau über eine skandalöse Besonderheit dieses Bauvorhabens zu informieren.

Hatte er doch – in Ermangelung des nötigen Kapitals – den Brüdern Fasolt und Fafner die Göttin Freia, seine eigene Schwägerin, als Honorar zugesichert. Eine Regelung, die auch im harten Geschäftsleben unserer Tage eher zu den Ausnahmen gehört.

Die Gebrüder Fasolt und Fafner, zwei Bauunternehmer mit der Schuhgröße 58, treffen ein, um vertragsgemäß die Göttin Freia abzuholen. Diese hat nicht die mindeste Lust, ihr Leben künftig an der Seite zweier Monster zu verbringen, und protestiert energisch bei ihrer Familie. Leider vergeblich. Ein Augenblick von hoher Peinlichkeit.

Da erscheint in letzter Minute der mißliebige Feuergott Loge, der seinerzeit den unseligen Vertrag mit ausgehandelt hatte. Als amoralischer Intellektueller ist er der einzige, der Wotan noch aus der Patsche helfen kann.

Loges Lösung ist verblüffend einfach, wenn auch außerhalb der Legalität: Man brauche nur in einer Nacht-und-Nebel-Aktion nach Nibelheim zu fahren, Alberich seiner immensen Goldrücklagen zu berauben und diese den Riesen im Austausch gegen Freia anzubieten. Der Vorschlag wird mit Erleichterung aufgenommen und sofort in die Tat umgesetzt.

In Nibelheim, einem unterirdischen Großbetrieb, der das Tageslicht scheut, treffen Wotan und Loge auf Alberich und seinen Bruder Mime. Alberich ist es gelungen, aus Teilen des Rheingoldes den weltbeherrschenden Ring zu schmieden. Aber die neue Machtfülle ist ihm offensichtlich nicht gut bekommen, denn seine geistige Entwicklung hat mit dem Kapitalzuwachs nicht Schritt gehalten. Ein Symptom, das ihn eng mit uns verbindet.

Alberich fällt auf einen üblen Trick herein: Arglistig meint Loge, Alberich könne vieles, aber sich in eine Kröte verwandeln könne er wohl nicht... das mag Alberich nicht auf sich sitzenlassen, und schon führt er mit Hilfe eines von Mime geschmiedeten Tarnhelms das Kunststück vor.

Blitzschnell bringen Wotan und Loge die Kröte in ihre Gewalt. Der wieder sichtbare Alberich wird des Tarnhelms beraubt, gefesselt ans Tageslicht geschleppt und gezwungen, alle dem Rhein entnommenen Wertgegenstände auszuliefern, mit der fadenscheinigen Begründung, er habe sie ja auch nur gestohlen.

Als letztes reißt Wotan dem unglücklichen Alberich den Ring vom Finger. Erst dann erhält der Nibelung seine ärmliche Freiheit zurück. Fast ist man auf seiner Seite, wenn er den Ring, dieses Symbol liebloser Weltmacht, für alle Zeiten verflucht.

Die göttliche Gesellschaft läßt sich von Alberichs Fluch nicht die Stimmung verderben. Auch die Übergabe des Rheingoldes an Fasolt und Fafner erfolgt ohne Zwischenfälle.

Aber dann fordert der Riese Fasolt auch noch den Ring des Nibelungen an Wotans Finger. Die Krise ist da, das Tauschgeschäft droht zu platzen, Freia scheint verloren.

Da erhebt sich aus der Tiefe der Unterbühne die allwissende Erda. Mit wohlklingender Altstimme rät sie Wotan in cis-Moll, auf den verfluchten Ring zu verzichten. Andernfalls sei eine Götterdämmerung nicht zu vermeiden. Wotan ist vom klugen Charme dieser Frau fasziniert und wirft gehorsam den Ring zum Lösegeld.

Sekunden später trifft Alberichs Fluch das erste Opfer. Fafner erschlägt seinen Bruder Fasolt im Streit um den Ring. Die Götter sind noch einmal davongekommen und beziehen frohgemut ihr monströses Walhall.

Nur Loge mag den neuen Lebensstil der High Society nicht teilen. Lustvoll malt er sich ihr unrühmliches Ende aus. Und in der Tiefe jammern die törichten Töchter des Rheines.

In den Jahren zwischen *Rheingold* und *Walküre* muß Wotan in Hochform gewesen sein. Damen aus den besten Kreisen schenkten ihm acht gesunde Töchter. Vor allem blieb der weitere Gedankenaustausch mit Erda nicht ohne Folgen. Das gemeinsame kräftige Kind heißt Brünnhilde und ist seine Lieblingstochter.

Wotan bildete sie mit ihren acht Halbschwestern zu Walküren aus, einer berittenen weiblichen Eliteeinheit zur Verteidigung Walhalls. Auch fand der erstaunlich potente Gott unter dem Decknamen »Wälse« Zeit für eine leidenschaftliche Affäre mit einer Menschenfrau. Sie gebar ihm die Wälsungen Siegmund und Sieglinde, ein Zwillingspaar, das sich allerdings bald aus den Augen verlor.

Mit diesen Lustbarkeiten verfolgt Wotan offensichtlich nur ein Ziel: den Ausbau einer vertrauenswürdigen Hausmacht. Leider bleibt das alles verlorene Liebesmüh, solange der Ring des Nibelungen sich im Besitz von Fafner befindet. Aber Wotan kann sich illegale Gewaltakte und Vertragsbrüche nicht mehr leisten. Er wäre als oberste Instanz für Recht und Ordnung ein für allemal erledigt. Doch wie alle Politiker weiß Wotan in jeder hoffnungslosen Lage einen gottgewollten Ausweg.

Ein anderer nämlich – kein Gott –, ein ahnungs-loser, freier Mensch müßte ohne Auftrag, wenn auch unmerklich geführt, in aller Unschuld also, diesen lebensgefährlichen Ring in seine Gewalt bringen und ihn – wenn es denn sein muß – mit freundlichen Grüßen den Rheintöchtern zwecks Entsorgung zurückerstatten. Da kommt nur einer in Frage: Siegmund, Wotans außerehelicher Sohn, den er hinter Frickas Rücken für diese Aufgabe er-zogen hat.

Wenn sich der Vorhang zum 1. Akt der *Walküre* öffnet, fällt der Blick auf einen meterdicken Eschen-stamm, der das Dach eines rustikalen Wohnraumes trägt. In Griffhöhe steckt ein Schwert namens No-thung. Wotan stieß es gelegentlich hinein, um es Siegmund unauffällig zuzuspielen. Und wie es sich so trifft: Nur sein Sohn verfügt über eine ausrei-chende Muskulatur, um es termingerecht herauszu-ziehen.

Nach kurzem Vorspiel taumelt ein erschöpfter Flüchtling ins Haus der Eheleute Hunding. Der Hausherr, ein schwerer Baß, erkennt in dem Frem-den einen Heldentenor, seinen Todfeind, fordert ihn zum Duell bei Tagesanbruch und geht zu Bett. Vorsorglich verabreicht die Hausfrau dem Gatten das gewohnte Beruhigungsmittel in etwas stärkerer Dosis als gewöhnlich.

Allein gelassen, ist das junge Paar nicht mehr zu halten. Der Fremdling zieht mühelos das Schwert aus dem Stamm, und wir erleben die Wiedervereinigung der Zwillingsgeschwister Siegmund und Sieglinde. Es handelt sich dabei um Inzest und Ehebruch. Man ist begeistert.

Nur Hunding verschläft eine der eindrucksvollsten Liebeserklärungen der Opernbühne.

Bis jetzt klappte eigentlich alles vorzüglich. Siegmund besitzt seine Wunderwaffe und wäre gegen Fafner einsatzbereit. Davor liegt allerdings noch das Duell gegen Hunding. Das könnte zwar als ungefährliches Training betrachtet werden, aber Götter scheuen das Risiko. Wotan befiehlt also der Walküre Brünnhilde, seiner Lieblingstochter, Siegmund im Kampf gegen Hunding zu unterstützen. Brünnhilde ist glücklich über diesen Auftrag des Vaters und galoppiert aufjauchzend davon. Frau Fricka betritt die Bühne.

Sie neigt bekanntlich dazu, Dinge zu verurteilen, die anderen Freude machen. Zum Beispiel Ehebruch. Wie alle Ehemänner nimmt Wotan Verfehlungen dieser Art von der heiteren Seite, solange es nicht die eigene Frau betrifft. Nicht so Fricka. Als Wahrerin der sittlichen Ordnung verlangt sie von ihrem Mann den Eid, die schamlosen Vorgänge um Siegmund und Sieglinde zu beenden.

Das bedeutet Siegmunds Tod und für Wotan vorerst keine Hoffnung auf ein passables Happy-End. Aber er befürchtet eine zweite Ehekrise und gibt nach. Seine Autorität zu Hause ist eben doch bescheidener als beim Geländeritt mit den Walküren.

In tiefer Resignation erklärt Wotan seiner Tochter die Gründe für den geänderten Befehl, nicht Siegmund, sondern Hunding den Sieg zu sichern. Sich selbst wünscht er nur Eines noch: das Ende.

Brünnhilde glaubt, nicht recht gehört zu haben, fügt sich aber zunächst dem Vater. Noch in derselben Nacht erscheint sie Siegmund, um in rührender, fast zärtlicher Behutsamkeit ihm das bevorstehende Ende leichtzumachen.

Siegmund ist also von der Verheißung eines ewigen Heldenlebens in Walhalls Glanz und Gloria ohne Sieglinde nicht im mindesten beeindruckt. Brünnhilde, die einen derartigen Liebesbeweis von Männern ihres eigenen Bekanntenkreises noch nicht erlebt hat, ist überwältigt ... und sie mißachtet den Befehl des Vaters: Als wenige Augenblicke später Hunding auf den Kampfplatz stürmt, feuert Brünnhilde den Wälsung an: »Triff ihn, Siegmund! Traue dem Schwert!«

Das hätte sie besser nicht getan. Außer sich fährt Wotan dazwischen, zerschmettert Siegmunds Waf-

fe und sorgt so für das unrühmliche Ende seines Sohnes, auch wenn ihm, weiß Gott, nicht danach zumute ist.

Im nächtlichen Chaos sammelt Brünnhilde gei-
stesgegenwärtig die Bruchstücke des Schwertes,
flieht mit Sieglinde zu ihren Schwestern und erbit-
tet Schutz vor dem wütenden Vater. Die Walküren singen zunächst ein bekanntes Konzert-
stück und empfehlen dann Sieglinde, sich in einem
ostwärts gelegenen Wald zu verbergen.

Als Sieglinde tief deprimiert am Sinn ihres Lebens zweifelt, zeigt sich Brünnhilde besser informiert. Sieglinde habe keinen Grund zu Klage.
Schon in einem dreiviertel Jahr werde sie Mutter
eines Helden, wie ihn die Welt noch nicht gesehen
habe. Der werde das Schwert wieder zusammen-
schmieden, und einen Namen habe sie auch
schon: Siegfried.

Getröstet rafft Sieglinde die Teile des Schwertes
zusammen und flieht in die Nacht. Die vor Angst
schreienden Walküren nehmen Brünnhilde in
ihre Mitte, um sie vor dem Zorn des Vaters zu
schützen.

Wotans in ungewohnter Lautstärke vorgetragene Wut treibt Brünnhilde aus ihrem Versteck:
»Hier bin ich, Vater, gebiete die Strafe.«

Und wieder ist dieser Gott nicht frei in seiner

Entscheidung. Soll die staatliche Ordnung aufrechterhalten bleiben, gibt es auch für seine Tochter keine Ausnahme.

Das bedeutet für Brünnhilde nicht nur Ausschluß aus der Ehrenlegion der Walküren und Verlust aller göttlichen Eigenschaften. Sie wird auch noch dazu verurteilt, als sterblicher Mensch, schlafend auf freiem Feld, dem ersten besten zu gehören, der sie haben möchte.

Auf ihre verzweifelte Bitte gewährt der Vater eine Milderung: Er wird einen Ring aus Feuer um seine Tochter legen, um sie vor unwürdiger Willkür zu schützen. Wenigstens Furchtlosigkeit soll ein fremder Mensch beweisen, bevor er sie berühren darf. Dann vergessen Vater und Tochter alle Regeln der Staatsräson. Sie fallen sich in die Arme und nehmen für immer voneinander Abschied.

Siegfried

Es mag sein, daß Ihnen die Pause kurz vorgekommen ist. Wie man sich doch täuschen kann: In Wahrheit liegt Brünnhilde nun schon seit 20 Jahren im Tiefschlaf.

Den Riesen Fafner hat sein immenses Kapital stark verändert. In einer umwaldeten Höhle verwandelte er sich in ein wurmartiges Scheusal und wälzte sich über seine Vermögenswerte. Ganz in der Nähe hat sich auch Alberichs Bruder, der Zwerg Mime, angesiedelt, um Fafner bei der geringsten Unvorsichtigkeit das Kapital samt Ring wieder abzunehmen.

Eines Nachts taumelte Sieglinde – unangemeldet – in Mimes Behausung und machte ziemliche Umstände. Sie genas eines Knaben, und Mime sah sich genötigt, bei der Entbindung behilflich zu sein, was die Wöchnerin allerdings nicht überlebte. Ihre einzige Hinterlassenschaft bestand außer dem Kind in einem zertrümmerten Schwert. Seitdem ist der gelernte Schmied Mime vergeblich bemüht, die einzige Waffe zu schmieden, mit der Fafner zu erledigen ist.

In dieser asozialen Umgebung wächst der kleine Siegfried auf. Aus dem Säugling ist ein sympathischer Modellathlet geworden, ein unbekümmerter, fröhlicher Naturbursche, wenn auch mit schlechten Manieren. Das Gegenteil also von seinem Großvater Wotan.

Zu Beginn des Dramas *Siegfried* haben die zwischenmenschlichen Beziehungen in der veralteten Waldschmiede ihren Tiefpunkt erreicht. Mime heuchelt väterliche Liebe, Siegfried verabscheut seinen Ziehvater mit der ganzen Taktlosigkeit antiautoritärer Kinder. In einer gereizten Aussprache fordert Siegfried die Wahrheit über seine eigene unerfreuliche Herkunft.

Mit Siegfrieds Daumen an der Kehle wird Mime gesprächig. Widerwillig berichtet er vom Ableben Sieglindes und nörgelt über den schwachen Lohn, den er für Mühe, Kost und Pflege des Neugeborenen erhalten habe: nur das kaputte Schwert.

Siegfried reagiert mit einem Ausbruch kindlicher Lebenslust. Sofort habe ihm Mime dieses Schwert zu reparieren. Dann werde er sich hinausschwingen in die Welt und allen zeigen, was eine Harke ist. Er enteilt ins Unterholz und läßt einen Mime zurück, der zutiefst beklagt, keinerlei Kenntnisse im Schmieden moderner Kampfschwerter zu besitzen.

Da tritt der große Unbekannte über die Schwelle. Ein Wanderer, einäugig, mit Schlapphut und Speer, auch von den hintersten Parkettreihen unschwer als Wotan auszumachen. Der Göttervater hatte sich nach der durchlittenen Katastrophe aus Ehe- und Berufsleben resigniert zurückgezogen, um nur noch das zu tun, was seine Frau immer am meisten geärgert hat: herumzuschweifen.

Aber er wäre kein Gott im Ruhestand, würde er den Gang der Dinge nicht weiter im Auge behalten, um im Bedarfsfall vorsichtig nachzuhelfen. Nun hat er ja mit seinem Enkel Siegfried wieder ein Eisen im Feuer. Er kommt also ganz zufällig mal vorbei und verwickelt den enervierten Mime nach Quizmasterart in ein gegenseitiges Ratespiel mit hohem Einsatz. Eine falsche Antwort kostet den Kopf. Wotan amüsiert sich.

Zunächst geht alles glatt. Aber dann gerät Mime in tödliche Verlegenheit. Auf die letzte, entscheidende Frage Wotans: Wer schmiedet das Schwert Nothung neu? weiß Mime keine Antwort und verspielt sein Zwergenhaupt. Im Gehen gibt Wotan dem verzweifelten Mime einen Tip: Wer das Fürchten nie gelernt hat, der schmiedet Nothung neu… und dem überlasse er auch Mimes Kopf!

Mime ist nicht zu beneiden. Einerseits braucht er ein Schwert und einen furchtlosen Drachentöter. Andererseits verliert er seinen Kopf an Siegfried, wenn der nicht in Bälde das Fürchten lernt.

Jedenfalls zeigt Siegfried bei der Schilderung des gefährlichen Riesenwurms Fafner nicht die geringste Furcht. Im Gegenteil: Frohlockend wittert der Jüngling eine Heldentat.

Schon ist er mit allen Finessen des höheren Schmiedehandwerks vertraut, hämmert Nothungs Einzelteile zusammen und singt dazu auswendig zwei mehrstrophige Lieder.

Das fertige Werkstück läßt Siegfried übermütig auf den Amboß sausen. Leider zerfällt dieser schon während des Ausholens in zwei Teile. Auch der Vorhang fällt rasch.

Der zweite Akt spielt vor der Höhle des Riesenwurms Fafner. Zunächst schleichen zwei alte, verfeindete Interessenten um den heißen Brei, Wotan und Alberich, die sich nur darin einig sind, daß ein anderer die Kastanien aus dem Feuer holen wird.

Eine Viertelstunde später erscheinen Siegfried und Mime. Nach kurzem Gespräch weiß der Zwerg, daß der furchtlose Siegfried den Saurier schlachten wird. Auch gut. Denn der Held wird durstig sein nach der Tat, und mit einer vergifteten Erfrischung wäre der eigene Kopf zu retten *und* das Fafnersche Vermögen! Mime geht nach links ab.

Siegfried lagert sich unter einer Linde, wo ihn Wagner zwölf Jahre sitzen läßt, um schnell mal *Die Meistersinger* und den *Tristan* zwischendurch zu komponieren. Erst dann beginnt Siegfried, über seine Eltern nachzugrübeln.

Auf einen Wink Wagners vollzieht sich nun endlich die populärste Szene des deutschen Sagenschatzes: Siegfried erschlägt den Drachen. Nach dem Genuß einiger Blutstropfen des Ungeheuers versteht er unversehens die Sprache eines Waldvogels, der ihm – wie das Waldvögel so machen – einen Rat erteilt. Siegfried dürfe sich von den Nibelungenschätzen vor allem Ring und Tarnhelm nicht entgehen lassen.

Ohne die geringsten Anzeichen von Neugier stapft Siegfried in die Schatzkammer, findet Ring und Tarnhelm, kommt lustlos wieder ans Tageslicht und begegnet Mime, der ihm eine sehr unbekömmliche Erfrischung reicht. Siegfried riecht den Braten, und das ist das Ende der Beziehung. Von Siegfrieds Schwert nur leicht touchiert, haucht Mime sein Leben aus.

Schon ist das Waldvöglein wieder zur Stelle und verheißt nun Siegfried etwas, das er noch nie gesehen hat: eine Frau! Siegfried ist entzückt, er kann ja nicht ahnen, was das bedeutet. Unter der Führung des Waldvögleins stürmt er jubilierend in sein Verhängnis.

Eine Stunde später trifft er auf seinen Großvater, der sich nicht zu erkennen gibt. Wotan will sich eigentlich nur davon überzeugen, daß dieser junge Mann in aller Unschuld das Zeug dazu hat, Rechte und Pflichten des zusammenbrechenden Götterregimes zu übernehmen. Aber dann geht es Wotan eben doch gegen den Strich, so sang- und klanglos den Weg zu seiner Tochter und das Feld zu räumen.

Mit seinem Speer pariert er den ziemlich unverschämten Siegfried. Der aber greift zum Schwert und zertrümmert das göttliche Machtsymbol. Eine Szene, die Väter, Großväter und Schwiegerväter nicht gerne sehen.

Nach dieser letzten Auseinandersetzung mit der jungen Generation hat Wotan die Bühne der Oper und des Weltgeschehens für immer verlassen. Siegfried dagegen bläst munter sein Horn und durcheilt die Feuersbrunst. Auf sonniger Höh' stößt er auf einen schlafenden Krieger, dessen Atmung offensichtlich durch seinen Brustpanzer beeinträchtigt wird.

Kaum hat Siegfried das schwere Oberteil geöffnet, wölbt sich ihm der Busen eines hochdramatischen Soprans entgegen. Nachdem sich der Held etwas erholt hat, macht er eine durchaus richtige Beobachtung: »Das ist kein Mann!«

Zum ersten Mal in seinem Leben empfindet er nackte Furcht und verhält sich wie alle jungen Männer in dieser Situation: Er schreit nach seiner Mutter. Wenig später erwacht Brünnhilde, an der die zwanzig Jahre spurlos vorübergegangen sind, und ein gesunder Eros bricht sich Bahn.

Im Vorspiel der *Götterdämmerung* äußern sich drei Damen unterschiedlicher Stimmlage ziemlich deprimiert über das drohende Ende der alten Welt.

Es sind Nornen, Schicksalsgöttinnen also, die beruflich mit diesen Dingen zu tun haben.

Um so schlimmer, daß ihnen der Schicksalsfaden reißt, an dem sie schon des längeren spinnen. Schicksalsfäden sind eben auch nicht mehr das, was sie mal waren. Zum Glück wird das Stimmungstief von einem Orchesterzwischenspiel überbrückt. Als Morgendämmerung erhebt es sich vom kleinen Klarinetten-Thema ins Fortissimo des Sonnenaufgangs. Es scheint ein strahlender Tag zu werden.

Götterdämmerung

Siegfried und Brünnhilde, die Jungvermählten, sind bester Laune. Das überrascht insofern, als Siegfried grade seine Sachen packt, um ohne seine Frau eine zeitlich unbegrenzte Abenteuerreise anzutreten. Die Neigung zu derartigen Eskapaden liegt ja seit Großvater Wotan leider in der Familie. Immerhin läßt Siegfried, als Unterpfand der Treue, sein wertvollstes Teil zu Hause: seinen Ring, dessen verheerende Wirkung beide nicht kennen ... Nach jubilierendem Abschied macht er sich mit Brünnhildes Pferd Grane, seinem Schwert, dem Horn, der Tarnkappe und mit einer Unzahl von Leitmotiven auf den Weg. Hier endet das Vorspiel.

Mit Beginn des 1. Aktes befinden wir uns am königlichen Hofe der Gibichungen. Anwesend sind Gunther als unverheirateter Familienvorstand, seine ebenfalls ledige Schwester Gutrune und Hagen, ein Halbbruder Gunthers.

Zum Verständnis der folgenden haarsträubenden Intrige gehört die Kenntnis gewisser Familieninterna im Hause Gibichung. König Gunthers Mutter war vor Jahren ausgerechnet dem häßlichen Klassenfeind Alberich gegen Bargeld zu Willen gewesen und hatte ein Kind bekommen, Gunthers Halbbruder, den Bastard Hagen.

Seit dieser mißgelaunte schwere Baß mit Siegfrieds bevorstehender Ankunft rechnet, ist er von dem Gedanken besessen, den Ring zurückzugewinnen, der seinem Vater Alberich von Wotan entrissen worden war.

Die beste Voraussetzung aber ist hierfür die Zerrüttung der Ehe Siegfrieds, der im offenen Kampf nicht zu schlagen ist.

Mühelos gelingt es Hagen, den eitlen Gunther auf Brünnhilde scharf zu machen und der arglosen Gutrune den schönen Siegfried zu versprechen. Diesem prominenten Helden müsse man nur mit Hilfe von Alkohol und Drogen gewisse Hemmungen nehmen. Vorsorglich verschweigt Hagen den kleinen Schönheitsfehler, daß Siegfried und

Brünnhilde zur Zeit noch glücklich verheiratet sind.

Schon hört man von draußen das Horn. Der erhoffte Besuch steht vor der Tür.

Beim ersten Schluck aus Hagens üblem Willkommensbecher zeigt Siegfried noch keine Wirkung. Aber dann verläßt ihn innerhalb eines Augenblickes sein Erinnerungsvermögen.

Über die plötzlich aufflammende Leidenschaft zu Gutrune könnte man hinwegsehen. Vorkommnisse dieser Art liegen im Toleranzbereich jeder Urlaubsreise, und Gutrune gilt ohnehin als Sonderfall: Sie ist, wie man weiß, unter allen in der Ring-Tetralogie auftretenden Frauen als einzige nicht Siegfrieds Tante.

Vielmehr zeigt sich die schauerliche Verwandlung Siegfrieds in der Bereitschaft, seine eigene Frau Brünnhilde gewaltsam zu entführen und zur Braut Gunthers zu machen.

Umgehend wird die Ausführung der Untat durch Blutsbrüderschaft bekräftigt und männlich grölend beschworen. Die Bühne leert sich. Nur Hagen bleibt zurück und besingt die bevorstehende Katastrophe mit einer Arie.

Inzwischen hütet Brünnhilde das Heim und gedenkt liebevoll ihres fernen Ehemannes. Überraschend erhält sie Besuch von Waltraute, einer

Walküre, die trotz strengsten Verbots aus Walhall herübergeritten ist, um bei der Schwester Brünnhilde ihr Herz auszuschütten.

Sie schildert den trostlosen Zustand Wotans, des an Leib und Seele gebrochenen Vaters, und beendet ihren Bericht mit düsteren Worten, die Wotan wie im Traum gesprochen habe: von einem Fluch würden Gott und die Welt befreit, wenn Brünnhilde sich entschließen könne, ihren verdammten Ring den Rheintöchtern zurückzugeben.

Da gerät Brünnhilde aus bedrohlicher Ruhe in helle Empörung. Der Ring sei das Liebespfand ihres Ehemannes und bliebe da, wo er hingehöre: an ihrem Finger. Im übrigen könne sich Waltraute das Glück der Welt und ihrer Götter, einschließlich aller Staatsmänner und Nationen, getrost an den Hut stecken.

Noch während Waltraute unverrichteter Dinge zurückgaloppiert, erschrickt Brünnhilde zu Tode. Ein wildfremder Mann steht in der Tür und begehrt sie zum Weibe, ohne sich vorgestellt zu haben. Eine Situation, die Tausende von Jahren später niemanden mehr wundern wird. Hier aber wehrt sich Brünnhilde noch mit aller Kraft, bevor sie dem Unbekannten erliegt.

Es ist Siegfried, der mit Hilfe der Tarnkappe Gunthers Gestalt angenommen hat und sicherheitshalber eine Quinte tiefer singt als gewöhnlich. Nach kurzem Handgemenge reißt er Brünnhilde den Ring vom Finger und zwingt sie, die Bettstatt mit ihm zu teilen. Unmittelbar darauf singt er so hoch wie früher und versichert später jedem, es sei sonst nichts vorgefallen.

Erst auf dem Rückweg im Frühnebel tauschen Siegfried und der echte Gunther unbemerkt ihre Rollen. Sodann eilt Siegfried voraus nach Gibichung in die Arme Gutrunes.

Wenig später, beim großen Empfang in Gibichung, erkennt Brünnhilde den gestohlenen Ring an Siegfrieds Hand. Mit einem gellenden Aufschrei entlarvt sie den eigenen Mann als Täter. Siegfried zeigt nicht den geringsten Gewissensbiß. Im Gegenteil; er scherzt noch ziemlich unpassend: »Gunther, deinem Weib ist übel!«, beschwört seine Unschuld und geht, mit Gutrune schäkernd, nach rechts ab.

Die Entrüstung der Zurückgebliebenen nutzt Hagen zur Forderung nach Rache für die allerseits erlittene Schmach. Es erhebt sich kein Widerspruch. Brünnhilde verrät sogar Siegfrieds schwächsten Punkt. Dieser befinde sich – anders als sonst bei Ehemännern – auf seiner Rückseite. Damit ist Siegfrieds Ende besiegelt. Tags darauf lagert eine Jagdgesellschaft im Walde, falls das ein zeitgenössischer Bühnenbildner zuläßt. Außer den Treibern erkennt man Siegfried, Gunther und Hagen. Ein herber Landwein kreist, und Siegfried erzählt auf allgemeinen Wunsch aus seinem Leben.

Kurz vor Erreichen der Gedächtnislücke praktiziert ihm Hagen eine Gegendroge ins Trinkhorn. Schon nach dem ersten Schluck setzt Siegfrieds verlorenes Erinnerungsvermögen peinlich präzise wieder ein. Entzückt schildert er den Weg in die Arme seiner Braut Brünnhilde und überführt sich damit selbst des Meineides.

Lustvoll stößt Hagen den Speer in Siegfrieds ungeschützten Rücken.

Die Leiche Siegfrieds ist in der Halle der Gibichungen aufgebahrt. Lauthals brüstet sich Hagen mit seiner Untat und verlangt als rechtmäßige Beute den Ring vom Finger des Toten. Gunther widersetzt sich und wird der Einfachheit halber umgebracht.

Aber bevor Hagen den Ring berühren kann, der in drei Generationen und vier Opern Götter, Riesen und Menschen ruinierte, erhebt sich warnend der Arm des toten Siegfried.

Im allgemeinen Entsetzen eröffnet Brünnhilde das Finale mit einem Liebesbekenntnis zu ihrem Mann. Sie läßt einen Scheiterhaufen errichten für das Ende an seiner Seite. Ungehindert streift sie den

Ring von Siegfrieds Hand, um ihn, endlich, den Töchtern des Rheins zurückzugeben. So nutzt sie die letzten Minuten ihres Lebens zur Abrechnung mit der unfähigen Götterfamilie und zur erlösenden Tat.

Dann beginnt der Alptraum der Bühnentechnik: Brünnhilde gibt ihrem Pferd die Sporen und springt in das Flammenmeer, von dem auch Walhall verschlungen wird. Der Fluß wogt über die Ufer, die Rheintöchter halten den Ring wieder in ihren Händen und ziehen Hagen in die Tiefe.

Nicht gerade ein Happy-End also, aber der Urzustand der Unschuld ist fast wiederhergestellt. Die Partitur läßt einen neuen Anfang zu.

Noch bleibt uns die Hoffnung, es werde so manches auch unseren Göttern dämmern, ehe der Vorhang endgültig gefallen ist.

ENDE

LEONARD BERNSTEIN

Candide

Candide, das Musical der Herren Voltaire und Bernstein, ist das einzige seiner Art, dessen genaue Inhaltsangabe – rasch vorgetragen – ebenso lange dauert wie das Musical selbst. Dabei ist es eine ganz entzückende, durchaus aktuelle Geschichte.

Candide liebt Cunigunde, und wir begleiten das Paar – meist getrennt – auf einer Art Abenteuerurlaub, wobei die sympathischen Liebesleute sich nichts entgehen lassen, was den zeitgemäßen Tourismus so kurzweilig gestaltet.

Man gerät auf dem Balkan live in einen Krieg. Candide darf schon am ersten Tag Spießrutenlaufen, während Cunigunde ausgiebig vergewaltigt wird. Das ist eben doch alles schöner als daheim in Westfalen. Leider wurden bei dieser Gelegenheit – wohl versehentlich – die Eltern zerstückelt. Aber so was kann in der allgemeinen Ausgelassenheit schon mal vorkommen. Der Reiseleiter wird sich entschuldigt haben.

Bei der anschließenden Seereise nach Lissabon ist dann eine Schiffskatastrophe im Angebot inclusive Untergang und Rettung in letzter Sekunde. Der Tag klingt aus mit einem Vulkanausbruch und wahlweise echter Auspeitschung oder Tod durch den Strang. Cunigunde ist derweil programmgemäß nach Paris abgereist, wo sie ihre körperlichen Vorteile jeden Dienstag, Donnerstag und Sonntag den Herren von Regierung und Opposition zur Nutzung überläßt, um dann montags, mittwochs und freitags alleinstehende Würdenträger aller Konfessionen einzugliedern.

Trotz dieser starken beruflichen Inanspruchnahme fühlt sich die Dame kulturell nicht ausgelastet und belegt nebenher einen Abendkurs in Koloraturgesang. Daran könnte sich manche Hausfrau ein Beispiel nehmen!

Da sich der Aufenthalt doch etwas hinzieht, erhält Candide Gelegenheit für einen interessanten Doppelmord mit obligater Flucht nach Buenos Aires einschließlich schicken Dschungelverstecks und drohenden Hungertods. Die Wiedervereinigung der beiden Reisenden findet beim Karneval in Venedig statt.

Im ganzen gesehen war das Management nicht optimal. Der Urlaub hatte Mängel gezeigt, das Liebespaar wirkt angestrengt und mißgelaunt. Doch für das Finale reißt sich Candide zusammen und bittet Cunigunde um ihre Hand. Cunigunde schlägt ziemlich lustlos ein, und beide beschließen, übermüdet wie sie sind, gleich hier ein Reihenhaus zu erwerben, naturbelassenes Gemüse anzubauen, den Fernseher einzuschalten und nie mehr zu verreisen.

Giuditta

Wer täglich die wichtigsten Kommentare in der Presse gelesen, die Meldungen der Rundfunksender gehört und die abendlichen Nachrichten des Fernsehens durchlitten hat, benötigt zwei doppelte Cognacs, eine psychotherapeutische Behandlung und geistlichen Beistand. Dann geht ihm das Auftrittslied des Octavio aus der Operette *Giuditta* von Franz Lehár wieder leicht von den Lippen: »Freunde, das Leben ist lebenswert!«

ANMERKUNGEN

Bewegende Worte
zu freudigen Ereignissen

MUSIK

1982 feierte das Berliner Philharmonische Orchester sein hundertjähriges Bestehen. Der vorliegende Text war die Festrede anläßlich der Feier in der Berliner Philharmonie am 8. und 9. Mai 1982.

WEIMAR (DDR)

Am 9. März 1989 eröffnete Loriot eine Ausstellung seiner Arbeiten in Weimar (damals noch DDR).

MEIN FREUND MANFRED

Manfred Schmidt, geboren 1913, populärer deutscher Karikaturist, der seine Karriere beim Ullstein Verlag, Berlin, begann. 1950 gelang ihm in der Illustrierten *Quick* mit *Nick Knatterton* der wohl erfolgreichste deutsche Comicstrip. Manfred Schmidt starb 1999. Loriot schrieb das Vorwort zu *Das große Manfred-Schmidt-Buch*, Stalling Verlag, Oldenburg 1973.

DAMENREDE

Gehalten am 14. September 1974 anläßlich des Bülowschen Familientages in Celle.

Der Säugling und das Fernsehen

Seit 1965 vergibt der Axel Springer Verlag mit seiner Programmzeitschrift *Hör Zu* die »Goldene Kamera« für besondere Leistungen in den Bereichen Fernsehen, Film und Musik. 1969 und 1978 erhielt Loriot eine Goldene Kamera für die TV-Sendereihen *Cartoon* (beim Süddeutschen Rundfunk) und *Loriot* (bei Radio Bremen).

An die Jugend

Dank für die Verleihung des Literaturpreises der Stadt Weilheim am 12. Juni 1999. Die Jury setzt sich aus Schülern des Gymnasiums Weilheim zusammen. Am 28. Oktober, anläßlich der Immatrikulationsfeier, wiederholte Loriot diese Rede vor der Studentenschaft der Freien Universität Berlin.

Neugebauers Neurosen

Vorwort zum gleichnamigen Buch im Verlag Gruner und Jahr, Hamburg 1980. Peter Neugebauer war seit 1951 jahrzehntelang einer der führenden Karikaturisten der Illustrierten *Stern*. Zwischen 1967 und 1990 ergaben sich viele Reisen auf die Insel Capri, gemeinsam mit Loriot.

Der Vampyr

Zeichentrickfilm aus Loriots Sendereihe *Cartoon,* Süddeutscher Rundfunk, Stuttgart, 18. Juli 1971.

Bizarr – Grotesk – Monströs

Unter diesem Titel fand 1978 eine Ausstellung zeitgenössischer Karikaturisten in der Kestner-Gesellschaft, Hannover, statt.

DAS DEUTSCHE THEATER
Rede zur Wiedereröffnung des traditionsreichen Hauses in München am 8. Oktober 1982.

DIOGENES
Der Diogenes Verlag wurde 1952 von Daniel Keel in Zürich gegründet. Loriot hielt die Rede anläßlich des Verlagsgeburtstages in Zürich, am 18. November 1982.

DER GOLDENE MÖBELWAGEN
Der Faschingsorden »Der Goldene Möbelwagen« wird jeweils von der Stuttgarter Karnevalsgesellschaft, gegründet 1897, übergeben, in diesem Fall am 12. Februar 1983 in der Stuttgarter Liederhalle.

DAS NEUE LANDRATSAMT
Am 5. Mai 1987 wurde das neue Landratsamt in Starnberg eingeweiht.

MEIN LEHRER WILLEM GRIMM
Willem Grimm, Professor, Maler, geboren 1904 in Elberstadt bei Darmstadt, war von 1946–1969 Dozent an der Landeskunstschule in Hamburg (heute Hochschule der Bildenden Künste), wo Loriot 1947/48 von ihm unterrichtet wurde. Anläßlich des 80. Geburtstages seines ehemaligen Lehrers, hielt

Loriot die Laudatio in der Freien Akademie in Hamburg, am 25. Mai 1984.

VERSUCH ÜBER JOACHIM
Professor Dr. Joachim Kaiser, geboren 1928, studierte Musikwissenschaften, Germanistik, Philosophie und Soziologie. Seit 1959 ist er Kulturkritiker bei der *Süddeutschen Zeitung* in München, ab 1977 Professor an der Hochschule für Musik und darstellende Künste in Stuttgart. Der vorliegende Text ist die Laudatio anläßlich des 60. Geburtstages von Joachim Kaiser, gehalten am 18. Dezember 1988 in der Bayerischen Akademie der Schönen Künste, München.

WAS IST FILM?
Verleihung des Bayerischen Filmpreises für den Film *Ödipussi* am 20. Januar 1989 im Münchener Cuvilliés-Theater.

DER TRAUM VON KURZEN STRÜMPFEN
Rede anläßlich der Vergabe des Ernst-Lubitsch-Preises am 27. Januar 1989 im Gloria-Palast in Berlin.

90 JAHRE PRINZREGENTENTHEATER
Eine Geburtstagsrede am 27. Juli 1991 im Prinzregententheater, München.

DER LANDRAT
Rede zur Verabschiedung des verdienten Landrats Otmar Huber, Benediktbeuern, 26. April 1996.

BEDROHUNG

Dankesrede im Anschluß an die Laudatio des Bayerischen Ministerpräsidenten Edmund Stoiber, anläßlich der Verleihung des Ehrenpreises des Bayerischen Fernsehpreises im Prinzregententheater, München, am 17. Mai 2002.

A B Le D E F G

Das Champagnerhaus Henri Abelé wurde 1757 in der Champagne gegründet und vergibt seit 1985 den Abelé Kulturpreis. Das Ereignis fand am 3. Juni 1989 im Restaurant Tantris, München, statt.

EINE GEWISSE UNLUST

Am 3. November 1991 wurde die Ausstellung »Karikatur – Europäische Künstler der Gegenwart« im Wilhelm-Busch-Museum, Hannover, eröffnet.

DAS GOLDENE GRAMMOPHON

Diese verkleinerte Nachbildung des im Jahre 1898 von Emil Berliner erfundenen Grammophons wurde für Verdienste um die Deutsche Grammophon Gesellschaft verliehen. In diesem Fall im Jahre 1991, im Hotel Vier Jahreszeiten, Hamburg.

FÜR HORST

Horst Wendlandt, geboren 1922, ist deutscher Filmproduzent und seit 1961 Inhaber der Rialto Film, Berlin. 1987 und 1990 produzierte er Loriots Filme *Ödipussi* und *Pappa ante portas*. Zum 70. Geburtstag Horst Wendlandts hielt Loriot die Laudatio in Berlin und wiederholte sie, leicht aktualisiert, 10 Jahre später.

DAS KLEINOD
Verleihung des »Video Winner« 1991 im Prinz-regententheater, München, am 30. Januar 1992.

PAUL FLORA
Professor Paul Flora, geboren 1922 in Südtirol, ist Zeichner und Graphiker, war jahrzehntelang politischer Karikaturist der *Zeit,* lebt und arbeitet seit 1947 auf der Hungerburg bei Innsbruck. Am 20. Juni 1992 wurde in der Kronenhalle Zürich sein 70. Geburtstag gefeiert.

DAS JAHRTAUSENDEREIGNIS
Im Hinblick auf Loriots 70. Geburtstag begann am 22. Januar 1993 im Potsdamer Museum eine Jubiläumsausstellung, die danach auch im Stadtmuseum Düsseldorf, dem Münchner Stadtmuseum und dem Museum für Kunst und Gewerbe in Hamburg gezeigt wurde.

MÜNSING
Am 23. November 1993 wurde Loriot zum Ehrenbürger von Münsing ernannt, wo er mit seiner Familie im Ortsteil Ammerland lebt.

BRANDENBURG
Am 29. November 1993 wurde Loriot auch Ehrenbürger von Brandenburg, wo er 1923 zur Welt kam.

DR. PHIL. H. C.
2001 verlieh die Bergische Universität Wuppertal Loriot die Ehrendoktorwürde, wofür er sich am 22. Juni mit einer Rede bedankte.

FÜR HEINZ RÜHMANN
Eine Szene zum 90. Geburtstag von Heinz Rühmann, mit Evelyn Hamann und Loriot, Prinzregententheater, München, 7. März 1992.

WEISSE MÄUSE
Vorwort zu *Loriots dramatische Werke*, Diogenes Verlag, Zürich 1981.

SATIRE IM FERNSEHEN
Vortrag in der Evangelischen Akademie Tutzing, 4. Juli 1979.

DER FRAGEBOGEN
Loriots eintönige Antworten auf eine wöchentliche Umfrage im Magazin der *Frankfurter Allgemeinen Zeitung*, 15. Mai 1981.

WAS IST EIN WAGNERIANER?
Nachwort zu Hermann Schreiber, *Werkstatt Bayreuth*, Albrecht Knaus Verlag, München 1986.

SAUGFÄHIG
Geburtstagsrede auf die *Süddeutsche Zeitung* an-

läßlich deren 50-jährigem Bestehen, München, 6. Oktober 1995.

DIE GRÖSSTE ZEITUNG

Rede zur Vergabe des BZ-Kulturpreises an das Berliner Philharmonische Orchester, im Kammermusiksaal der Berliner Philharmonie, am 24. Januar 1997.

DER HERR MINISTERPRÄSIDENT

Rede zum 60. Geburtstag des Bayerischen Ministerpräsidenten Edmund Stoiber in der Bayerischen Staatskanzlei, München, am 28. September 2001.

FUSSBALL

Festansprache zum 100. Geburtstag des FC Bayern München im Prinzregententheater München, am 27. Februar 2000.

ROBERT GERNHARDT

Maler, Zeichner und Dichter, geboren 1937, lebt in Frankfurt. Die erwähnte Lesung fand am 4. Dezember 1997 in der Blackbox des Gasteig, München, statt.

DAS TIER UND SEIN MENSCH

Stefan Moses, geboren 1928 in Schlesien, ist seit 1968 freier Fotograf, lebt in München und hat zahlreiche Bücher und Bildbände veröffentlicht. *Das Tier und sein Mensch* erschien 1997 im Sanssouci Verlag Zürich mit Loriots Vorwort.

MÖPSE & MENSCHEN

Vorwort zum gleichnamigen Versuch einer Autobiographie, Diogenes Verlag, Zürich 1983.

VIER BEINE INSGESAMT

Betrachtung über eine Mopshündin in Bronze, *Der Tagesspiegel*, Berlin, 10. Januar 1996.

Gereimtes und Ungereimtes

Ein deutsches Kinderlied
Geschrieben für eine Sammlung neuerer deutscher Kinderlieder in der *Zeit* vom 7. Oktober 1994.

Des Ernstes Kunst
Text aus der Sendung *Loriots 60. Geburtstag* bei Radio Bremen am 12. November 1983.

Melusine
Lesung des Dichters Lothar Frohwein im Film *Pappa ante portas,* 1990.

Männer und Frauen
Schlußfolgerung im Sketch *Aufbruch,* Sendereihe *Report,* Südwestfunk Baden-Baden, 18. März 1980.

Zeit und Raum
Aus *Loriot* v, Moderation zu einem Flugessen, 15. Juni 1978.

Sinnlos
Einsicht in den tieferen Sinn des Lebens – nicht genau zurückzuverfolgen.

Wunderbar
Nachdenkliche Äußerung von Paul Winkelmann im Film *Ödipussi,* 1987.

ADVENT

Text zum gleichnamigen Zeichentrickfilm in der Sendung *Cartoon XI*, Süddeutscher Rundfunk, Stuttgart, 7. Dezember 1969.

KLEINER OPERNFÜHRER

Die Texte entstanden vorwiegend als Moderationen zu Benefiz-Konzerten im Nationaltheater München (1987 bis 1992) und zur festlichen Operngala für die Aids-Stiftung in der Deutschen Oper Berlin (1996 bis 2001).

KARNEVAL DER TIERE

Die Texte zur Komposition von Camille Saint-Saëns schrieb Loriot auf Anregung des Dirigenten Karl Böhm. Die Uraufführung mit den Wiener Philharmonikern fand im Jahre 1975 statt (Sprecher: Karl-Heinz Böhm). Seit 1990 übernimmt Loriot in zahlreichen Konzerten mit dem Scharoun Ensemble der Berliner Philharmoniker die Rolle des Sprechers.

DER RING DES NIBELUNGEN

Wagners Bühnenfestspiel an 1 Abend in Loriots Fassung für Erzähler, Sänger und Orchester. Erstaufführung mit dem Ensemble des Nationaltheaters Mannheim und Loriot als Erzähler unter der musikalischen Leitung von Jun Märkl im Musensaal am 28. Oktober 1992.

CANDIDE

Das Musical von Leonard Bernstein nach dem satirischen Roman von Voltaire wurde unter der musikalischen Leitung des Komponisten in einer konzertanten Fassung 1991 live produziert. Die Deutsche Grammophon Gesellschaft bat Loriot um eine Inhaltsangabe.

BIBLIOGRAPHIE

Erstveröffentlichungen. Soweit nicht anders vermerkt, sind Loriots Bücher im Diogenes Verlag, Zürich, erschienen.

Auf den Hund gekommen. 44 lieblose Zeichnungen von Loriot, eingeleitet von Wolfgang Hildesheimer. 1954.

Reinhold das Nashorn. Texte von Wolf Uecker und Günther Dahl. Stuttgart 1954.

Unentbehrlicher Ratgeber für das Benehmen in feiner Gesellschaft. Frankfurt am Main 1955.

Der gute Ton. Das Handbuch der feinen Lebensart in Wort und Bild. 1957.

Der Weg zum Erfolg. Ein erschöpfender Ratgeber in Wort und Bild. 1958.

Wahre Geschichten. Erlogen von Loriot. 1959.

Für den Fall… Der neuzeitliche Helfer in schwierigen Lebenslagen. 1960.

Nimm's leicht! Eine ebenso ernsthafte wie nützliche Betrachtung in Wort und Bild. 1962.

Umgang mit Tieren. Das einzige Nachschlagewerk seiner Art in Wort und Bild. 1962.

Der gute Geschmack. Erlesene Rezepte für Küche und Karriere. 1964.

Neue Lebenskunst in Wort und Bild. 1966.

Loriots Großer Ratgeber. 500 Abbildungen und erläuternde Texte. 1968.

Reinhold das Nashorn. Verse von Basil. 1968.

Loriots Tagebuch. 1970.

Loriots kleine Prosa. 1971.

Loriots Daumenkino – bewegte Botschaften. 1972 ff.

Loriots Heile Welt. 1973.

Menschen, die man nicht vergißt. 18 beispielhafte Bildergeschichten. 1974.

Herzliche Glückwünsche: ein umweltfreundliches Erzeugnis. 1975.

Loriots praktische Winke. Eulenspiegel Verlag, Berlin (DDR) 1975.

Loriots Wum & Wendelin. Worte und Taten von Deutschlands populärstem Hund und seinem lieben Freunde. 1977.

Das dicke Loriot-Buch. Eulenspiegel Verlag, Berlin (DDR) 1977.

Loriots Kommentare (zu: Politik, Kriminalistik, Wirtschaft und Finanzen, Landwirtschaft, Kultur, modernes Leben, Männer und Sport sowie Tier- und Frauenwelt). 1978.

Loriots dramatische Werke. Texte und Bilder aus sämtlichen TV-*Sehsendungen seit Loriots Telecabinet.* 1981.

Loriots Großes Tagebuch. 1983.

Möpse & Menschen. Eine Art Biographie. 1983.

Loriot. Herausgegeben von der Wilhelm-Busch-Gesellschaft e.V. Hannover. Hatje Verlag, Stuttgart 1988.

Loriots Ödipussi. 1988.

Pappa ante portas. 1991.

Loriot. Mit einem Vorwort von Patrick Süskind und einem Nachwort von Loriot. 1993.

Sehr verehrte Damen und Herren... Reden und Ähnliches. Herausgegeben von Daniel Keel. 1993.

Herren im Bad und sechs andere dramatische Geschichten. 1997.

Große Deutsche. Circa acht Portraits. 12 Einzelblätter in Mappe. 1998.

Loriot illustrierte außerdem Texte von Egon Jameson (1956, 1957), Hans Gmür (1959) und Reinhart Lempp (1968, 1973, 1989).

Die Deutsche Grammophon Gesellschaft hat mehrere Loriot-Compactdiscs und Musikkassetten herausgebracht:

Loriots Dramatische Werke – Loriots Klassiker – Loriots Heile Welt – Loriots Festreden – Liebesbriefe – Gesammelte Werke – Peter und der Wolf – Karneval der Tiere – Pappa ante portas – Max und Moritz – Loriot erzählt Richard Wagners Ring des Nibelungen – Loriot und Walter Jens lesen den Briefwechsel Friedrichs des Großen mit Voltaire, Wo es um Freundschaft geht... – Loriot liest Thomas Mann, Das Eisenbahnunglück und andere Begebenheiten

und die Videokassette *Der Freischütz* in der Inszenierung von Loriot.

Bei Warner Home Video sind auf DVD und Videokassette erschienen:

*Ödipussi – Pappa ante portas – Loriot: sein großes
Sketch-Archiv*

Bitte beachten Sie
auch die folgenden Seiten

Ein Leben ohne Möpse und Musik ist möglich,
aber sinnlos.

Die kleine Diogenes Musikbibliothek
nicht nur für Wagnerianer

Ludwig Marcuse
Richard Wagner
Ein denkwürdiges Leben

»Dieses Buch, eine Pop-Art-Montage aus Briefstellen,
Dokumenten, Adorno-Marcuse-Gedankensplitterchen
und etwas Soziologie in witziger Form, erzielte dank
eines verlegerischen Tricks die Wirkung einer Bombe:
Das Buch kam just zum hundertfünfzigsten Geburts-
tag Wagners heraus. Zu meinem Erstaunen sah ich das
Buch bei den Festspielen 1963 in Bayreuth in der
Auslage der Jean-Paul-Buchhandlung. Ich klärte den
Buchhändler auf. Aber es war schon zu spät. Zahlreiche
Wagnerianer hatten das Buch bereits gekauft, in dem
berechtigten Glauben, es sei in Bayreuth nicht gestattet,
unbezeichnete Anti-Wagneriana anzubieten.«
Herbert Rosendorfer/Bayreuth für Anfänger

»... ein spannendes, schlechterdings bewundernswertes
und widersinnig einseitiges Buch.«
Rudolf Walter Leonhardt/Die Zeit, Hamburg

Eduard Mörike
Mozart auf der Reise nach Prag
Novelle

»Eduard Mörike schildert einen Tag aus dem Leben
des hochverehrten Komponisten. Mit seiner Gattin
Konstanze auf dem Weg von Wien nach Prag, wo im
Herbst 1787 die Uraufführung der neuen Oper *Don*

Giovanni stattfinden wird, gelangt Mozart durch einen ungewöhnlichen Anlaß in eine kultivierte adlige Gesellschaft, die seinem Genius herzliche Huldigungen darbringt: während der Mittagsrast ist er in den Schloßpark des Grafen geraten und dort vom Gärtner überrascht worden, als er gerade gedankenverloren eine Orange vom denkbar schönsten Pomeranzenbäumchen pflückte. Das noch vom Hof Ludwigs XIV. stammende Bäumchen war vom Grafen als Geschenk für seine Nichte Eugenie ausersehen, die an diesem Tag ihre Verlobung feiert. Auf dem Gipfel des Ruhms und der Lebensfreude spielt der Maestro der heiteren Runde aus dem fast fertigen Werk vor. Die Gewalt seiner Musik aber erzeugt eine erschütternde, fast gespenstische Wirkung, besonders als plötzlich der Choral *Dein Lachen endet vor der Morgenröte!* erklingt...«
Kindlers Neues Literatur Lexikon

»Den geliebten Mozart, hinter dessen zarter, oft schalkhafter Anmut er die schwermütige Schönheit des Leidens fühlte, zeichnete Mörike in der Künstlernovelle *Mozart auf der Reise nach Prag,* die in ihrer südlichen Grazie wie seelischen Tiefe einzigartig ist. Welche meisterhafte Prosa!«
Fritz Martini

Dorothea Leonhart
Mozart
Eine Biographie

»Die Mozart-Kennerin Dorothea Leonhart« (Rudolf Augstein) bietet in dieser Biographie Einblick in Mozarts Verhältnis zu Liebe und Geld und zieht aus präzis zitierten Quellen überraschende Schlüsse.

»Auf dem neuesten Stand der Forschung, spannend erzählt, reich an kulturhistorischen Überraschungen. Mozarts Leben in Extremen: Ruhm, Triumphe, Star-

gagen einerseits, Schulden, Depressionen, Vereinsamung andererseits. Das beifallumrauschte Genie in seiner verhängnisvollen Labilität. Hier werden die Rätsel in Mozarts Leben nicht, wie üblich, diskret übersprungen, sondern entfaltet.«
BuchMarkt, Düsseldorf

»Das aufregendste, aber auch beklemmendste Buch über den Menschen Mozart stammt von Dorothea Leonhart, einer beachtlich beschlagenen, viel und exakt zitierenden Außenseiterin mit scharfem Blick.«
Joachim Kaiser

Wolfgang Amadeus Mozart
Briefe
Herausgegeben und mit Anmerkungen
und einem Nachwort von
Horst Wandrey

Nach dem Welterfolg von Milos Formans *Amadeus* gilt mehr denn je: Wer Mozart wirklich kennen will, wer sich nicht begnügen will mit dem populären Bild des Wunderkindes, des gleichsam wie im Rausch dahinlebenden Götterlieblings, der leichthändig seine Melodien aus dem Füllhorn gießt, wer im Gegenteil die tatsächlichen Lebensumstände Mozarts und seine Zeit kennenlernen will, der muß Mozarts Briefe lesen.

»Wir lernen die Musikpraxis der verschiedenen Höfe und Städte kennen; erfahren von den engen und kleinlichen Verhältnissen der Salzburger Hofkapelle ebenso wie von den großen Pflegestätten von Oper und Sinfonie, Paris und Wien, lesen über das lebhafte Musik- und Theaterleben der kurpfälzischen Residenz nicht weniger als über die große italienische Opernkunst. Aus der Fülle von Selbstzeugnissen erhält man auch manche wertvollen werkgeschichtlichen Aufschlüsse.«
Aus dem Nachwort des Herausgebers

Ludwig van Beethoven
Briefe
Herausgegeben von Erich Valentin

Mein Engel, mein alles, mein Ich! Die Brust ist voll,
Dir viel zu sagen – ach – es gibt Momente, wo ich
finde, daß die sprache noch gar nichts ist...
Beethovens Brief an die ›Unsterbliche Geliebte‹ wurde
nach seinem Tod im Geheimfach seiner Kassette gefunden und offenbart die persönliche Seite des weltberühmten Komponisten. Was Beethoven bewegte
und was er vor der Welt geheimhielt, hat er seinen besten Freunden in Briefen anvertraut.

»Ein Künstler war er, aber auch ein Mensch, Mensch
in jedem, im höchsten Sinne. Er floh die Welt, weil er
in dem ganzen Bereich seines lieben Gemüts keine
Waffe fand, sich ihr zu widersetzen. Aber er bewahrte
ein menschliches Herz allen Menschen, ein väterliches
den Seinen, Gut und Blut der ganzen Welt.«
Franz Grillparzer

Franz Schubert
Briefe
Tagebuchnotizen, Gedichte

Der von seinen Freunden als ›wortkarg‹ beschriebene
Schubert, der nur lebhaft und mitteilsam wurde, wenn
es um die Musik ging oder aber um die Bekundung seiner freundschaftlichen Gefühle, äußerte sich gegenüber seiner Umwelt in nur wenigen Briefen. Um so
mehr sprach er gleichsam mit sich selbst, wenn er seine
Gedanken, Empfindungen und Beobachtungen in Tagebuchnotizen und Gedichten niederschrieb. Brief,
Gedicht und Tagebuch ergeben ein Ganzes, das Ein-
blicke in Leben und Werk Schuberts verschafft und die
poetische Seite nicht nur seiner Musik, sondern auch
seiner Sprache offenbart.

»Ich kenne überhaupt keinen Komponisten, der eine so vollkommen eigene Welt darstellt wie Schubert.« *Nikolaus Harnoncourt*

»Mozart und Beethoven sind Genies, Schubert aber ist ein Wunder.« *Marc Chagall*

Die schönsten Liebesbriefe deutscher Musiker
Herausgegeben von Anton Friedrich und Silvia Sager

Innige, schwärmerische, sehnsüchtige, sentimentale und beschwingte Briefe von Joseph Haydn, Wolfgang Amadeus Mozart, Ludwig van Beethoven, Carl Maria von Weber, Albert Lortzing, Clara und Robert Schumann, Franz Liszt, Richard Wagner, Anton Bruckner, Johannes Brahms, Johann Strauß (Sohn), Gustav Mahler, Max Reger.

»Liebstes Weibchen, wenn ich Dir alles erzählen wollte, was ich mit Deinem lieben Portrait anfange, würdest Du wohl oft lachen – zum Beispiel, wenn ich sage: ›Grüß Dich Gott, Stanzerl! Grüß Dich Gott, Spitzbub – Krallerballer – Spitzignas – Bagatellerl – schluck und druck!‹ Nun glaube ich so ziemlich was Dummes (für die Welt wenigstens) hingeschrieben zu haben, für uns aber, die wir uns so innig lieben, ist es gerade nicht dumm!« *Mozart an seine Frau Konstanze*

Wilhelm Müller
Die Winterreise
Die schöne Müllerin
Mit Zeichnungen von Ludwig Richter

Die beiden berühmtesten Liederzyklen Wilhelm Müllers, *Die Winterreise* und *Die schöne Müllerin*, liegen hier in einem Band vor. Viele dieser Lieder sind in der Vertonung von Franz Schubert zu Volksliedern geworden.

»Der zu seiner Zeit als Verfasser politischer Gedichte und geselliger Trinklieder populäre Autor schuf mit der *Winterreise* sein literarisches Hauptwerk, das nicht nur als Textanregung für Schuberts Liedkomposition, sondern auch als eigenständige lyrische Leistung Beachtung verdient. Mit knappem Wortmaterial gelingt ihm eine Aussage von eindrücklicher Dichte.«
Kindlers Neues Literatur Lexikon

»Wie rein, wie klar sind Ihre Lieder, und sämtlich sind es Volkslieder. Ja, ich bin groß genug, es sogar bestimmt zu wiederholen, und Sie werden es mal öffentlich ausgesprochen finden, daß mir durch die Lektüre Ihrer Siebenundsiebzig Gedichte zuerst klargeworden, wie man aus den alten vorhandenen Volksliedformen neue Formen bilden kann, die ebenfalls volkstümlich sind, ohne daß man nötig hat, die alten Sprachholperigkeiten und Unbeholfenheiten nachzuahmen.«
Heinrich Heine

»Eine der aufregendsten Entdeckungen der letzten Jahre. Fesselnd. Ein Meisterwerk.«
San Francisco Chronicle

Die Taube

In fünf Monaten wird der Wachmann einer Pariser Bank das Eigentum an seiner kleinen Mansarde endgültig erworben haben, wird ein weiterer Markstein seines Lebensplanes gesetzt sein. Doch dieser fatalistische Ablauf wird an einem heißen Freitagmorgen im August 1984 jäh vom Erscheinen einer Taube in Frage gestellt.

»Ein rares Meisterstück zeitgenössischer Prosa, eine dicht gesponnene, psychologisch raffiniert umgesetzte Erzählung.« *Rheinischer Merkur, Bonn*

»Nicht nur riecht, schmeckt man, sieht und hört man, was Süskind beschreibt; er ist ein Künstler, auch wenn es darum geht, verschwundenes, verarmtes Leben in großer innerer Dramatik darzustellen. Eine Meistererzählung.« *Tages-Anzeiger, Zürich*

»Kaum Action hat die Geschichte, aber sie kommt wie ein Orkan über einen.« *Expreß, Köln*

Die Geschichte von Herrn Sommer

Mit zahlreichen Bildern von Sempé

Herr Sommer läuft stumm, im Tempo eines Gehetzten, mit seinem leeren Rucksack und dem langen, merkwürdigen Spazierstock von Dorf zu Dorf, geistert durch die Landschaft und durch die Tag- und Alpträume eines kleinen Jungen…
Erst als der kleine Junge schon nicht mehr auf Bäume klettert, entschwindet der geheimnisvolle Herr Sommer.

»Eine klassische Novelle.« *Der Spiegel, Hamburg*

»Ein poetisches, filigranes Märchen aus der Kindheit, voll bittersüßer Nostalgie.« *SonntagsZeitung, Zürich*

»Patrick Süskind erzählt mit einer selbstverständlichen Leichtigkeit, die dennoch nichts vom Schmerz der frühen Jahre unterschlägt. Er trifft genau den richtigen Erinnerungston zwischen Komik und Sehnsucht.« *Frankfurter Allgemeine Zeitung*

Drei Geschichten
und eine Betrachtung

»Patrick Süskinds sprachlich-rhythmische Eleganz verleiht seinen Erzählungen eine Leichtigkeit, die – ohne je leichtgewichtig zu werden – dem Schweren das Bedrückende und dem Nebensächlichen das Belanglose nimmt. So witzig, anrührend und doch kunstvoll distanziert wird da erzählt.«
Konrad Heidkamp / Die Zeit, Hamburg

»Hat man einmal zu lesen angefangen, will man gar nicht mehr aufhören vor lauter unerhörten Begebenheiten, liest, wie man zuletzt als Kind gelesen hat, lauter Geschichten, die vor allem eins zu sein scheinen: altmodisch spannend.«
Heinrich Detering / Frankfurter Allgemeine Zeitung

Sempé
im Diogenes Verlag

»Für mich ist alles Ernste lustig und alles Lustige ernst.
Humor ist meine Waffe gegen alles Unerträgliche im
Leben.« *Jean-Jacques Sempé*